【文庫クセジュ】

第五共和制

ジャン=フランソワ・シリネッリ著
川嶋周一訳

Que sais-je?

白水社

目次

はじめに

歴史家にとって、第五共和制が存続してきたこの半世紀を要約しようとすることは、いまだ活き活きとした対象を研究することである。過去の時代を分析し、実り多き視座を得るためには、その時代全体を見渡すために必要である年数的《クロノロジカル》な距離を取ることが必要だが、第五共和制を要約するためには、それが出来ないことは最初から認めなければならない。フランス史における最近の時代の研究に取り組むことが禁止されているということはない。それどころか、いまや、いわゆる同時代史はきわめて当然の研究として認められている。同時代研究が持つ難しさは、実はずっと凡庸である。それは、充分な時をおかずに、本質的なものと二次的なものを、偶発的なものと構造的なものを、どうやって区別するのかというものである。とりわけ、一九五八年に生まれた〔第五共和制という〕政治体制のきわめて複雑な歴史的変貌《メタボリズム》を、充分に時間をおくことなく、どうやって再構成すればよいのだろうか。この第五共和制は、本書で見るように、あっという間に根付き、その適用能力の高さを示した。しかし同時に、この定着は、フランスが一九六〇年代〔高度経済成長〕の只中で繁栄していたという恵まれた状況の中で起こったのであり、この恵まれた状況はやがてとても脆いものとなり、それが故に、第五共和制の適用能力は無限のものということは必ずしもできない。おまけに、〔第五共和制を研究する〕歴史家は〔すべてを見通せる〕神ではなく、第五共和制という制度の未来を予想する使命を持っているわけではない。歴史家ができるのは、第五共和制が生まれた状況がどういうものだったのか、その成長がどのような条件のもとで起こったのか、それが発展していくのに必要だった要素はなんだったのか、その悪化がどれくらいの程度起こっているのか、を示すことである。

このような研究は、歴史学のディシプリンに留まるものと一般には思われている。実際のところ、『第五共和制』という同じタイトルで、政治学や憲法学の本を書くこともできるし、確かにそれは歴史学のアプローチとまったく同様に正しいであろう。だが、本書で優先される方法とその方法に基づいて採用される案とは、時代を下りながら叙述する《クロノロジカル》ものにならざるを得ない。第五共和制の歴史はナショナルな共同体の発展と結びつき、その発展の中で第五共和制はもたらされたものであるから、このような方法は是非とも必要なものである。それに、いわゆる「決定的な二十年（一九六五〜八五年）」が到来しているあいだにフランスに大きな変容がもたらされたが、さらに近年にはまた別の変化が付け加わった。その変化とは、ポスト産業化社会への移行、グローバリゼーションの到来、世界－文化《キュルチユール＝モンド》(1)の浸透である。これらの変化がこんなにも起こっていることは、クロノロジカルな方法の有益さを示している。それによって、経済的な状況が引き起こすさまざまな危機を分析することと、一九五八年に誕生し一九六二年に改訂されたフランス民主主義モデルの構造的な動態に光を当てることが、同時にできるようになるだろう。

（1）ここでいう「世界‐文化 Culture‐Monde」とは「世界大に浸透した大衆文化」を意味する。なお、マルクス主義から出発した哲学者・社会学者のジル・リポヴェツキーは、文学者のジャン・セロワとの共著で同じ「世界‐文化」概念を提唱しており、両者が提示する意味内容は重複する。より厳密であるリポヴェツキーの概念では、「世界‐文化」とは技術の発達によって世界大に拡大したある特定の文化・社会的想像によって成り立っている世界を指す。リポヴェツキーらは、グローバリゼーションが進み経済と文化の論理が分かちがたく融合することで、著しく発達したメディア技術に人が振り回され、文化そのものがグローバル化した過剰な資本主義の力学を表象しているとする〔訳注〕。

そのためには、フランス歴史学研究の現在の研究潮流の中には、非常に実り豊かなものがいくつもある。とくに有益なのは、政治の文化史と呼ばれるような研究潮流である。政治の営み《ヴィ・ポリティック》の研究にあたっては、政治的な駆け引きや政治的アクター、またそういった人びととの争いといったものの分析は確かに根本的なものであるが、それだけに留まってはならない。政治史の研究は、もっと広く、政治的アクターはどのような思考を体現しているのかを探ることも求められているのだ。つまり〔政治文化史が明らかにする問題とは〕、個人および個人が寄せ集まったこの社会全体が政治体制をどのように認識するのか、政治体制を承認しそれになびくメカニズムはどのようなものなのか、もしくはその反対に、政治体制を拒否し反対するようなメカニズムとはどのようなものなのか、という問いである。このような問題に答えようとすることは、国家の代表＝表出《リプレゼンテーション》に対する研究をする際に有益となるだろう。というのも、政治体制の合法性の原則に対する観察――もちろんこれも不可欠なのだが――を超えて、正統性〔を保有するに至る〕プロセスに対しても注意を払うようになるからである。[1] すなわち、第五共和制は社会文化的な領域の中にどのようにして根を下ろしたのか、「生態系」がどのような方法で打ち立てられて行ったのかという問題を、政治文化史は明らかにするのである。ここでいう「生態系」とは、政治体制とその社会文化的な基盤——形態だけでなく規範や価値における一つの社会たる存在——とのあいだで、つねに脆くはあるが、均衡を達成している状態として定義されよう。ある人間集団がその時代に設立したさまざまな制度を研究することは、確かに歴史学の対象であるが、そのためには、制度の維持を容易にし、時には永続させるメカニズムも研究するという条件を満たさなければならない。代表制民主主義の国に生きていればこそ、このような研究はいっそう重要である。なぜなら、明示的であれ暗示的であれ、政治体制に対する支持的もしくは追従的なメカニズムが機能しなければ、代表的民主主義という制度は永続しないからである。政治文化史の目的の一つは、〔人びとによって〕共有された〔政治的な営みに対する〕感覚と暗黙の了解を分析することである。このような分析は、活動的かつ思索的な次のような題材に対して興味を持つことに直結する。すなわち、政治的なアクターは、みずからを取り巻く世界〔ここでは二十世紀後半から二十一世紀のフランス〕を把握する精神的な作用のための広場《アゴラ》に依存しており、そのようなアリーナにおける政治的行動こそがアクターにアイデンティティを与えていることである。この現代フランスの歴史は、これから見るように、ますますグローバリゼーションのプロセスと結びつきあっているのである。地理的単位の作用(2)はこれ以降強く増幅されることとなる。

(1) ある政治体制の中で営まれることが法を逸脱していないかどうか（合法性）を監視することはもちろん非常に重要だが、それを超えて、政治体制がいかに正統性を持つようになるかについてのプロセスに対して興味を持つようになる、ということ〔訳注〕。

(2) 本書でいう「地理的単位の作用」とは、たとえばリージョナルやトランスナショナルといった異なる地理的単位が重なり合ったり、またそのような国民国家を包み込む国際環境が国民国家に対して大きな影響や反動をもたらしたりする作用を意味する。本書では、グローバリゼーションをこのような地理的単位の重複が引き起こされた状態の一つとしてイメージしている〔訳注〕。

第一部　一九六二年に改正された一九五八年モデル——第五共和制の生態系が均衡に至る三十年間

「栄光の三十年[1]（Trente Glorieuse）」の時代に生まれた第五共和制は、その創設者が表舞台から去る〔第五共和制を導入したド・ゴールが大統領を辞任するということ〕デリケートな局面を乗り越えて社会に根付づこうとしたまさにその時に、〔それまで好調だった〕社会経済的な循環が反転〔経済成長の終焉が到来〕するという問題に対面した。一九七九年にジャン・フラスティエが書いたように、一九七〇年代の二度の石油ショックによって、「難なくやっていける時代《レザネ・ファシル》」は終わりを告げ、体制はやがて、社会構造の破壊と公共精神の根深い動揺に対峙しなければならなくなったのである。それと同時に、このような危機の出現と発展によって、その前から始まっていた社会経済的な変動は一層促進され、「決定的な二十年（一九六五〜八五年）」のあいだにフランス社会に急激に広がったのである。第五共和制という体制によって政治的な枠組みが提供され続けなければならなかったフランスとは、一九七〇年代の危機に奥底まで揺り動かされ、そしてその激動によって根本的に変容していったフランスだったのだ。それ以降、ある一つの問題が歴史家に投げかけられるようになった。この経済的・社会的な構造の変化は、第五共和制の大転換を理解するうえで、一九八一年の政策転換や一九八六年の第一回コアビタシオン〔保革共存政権、七八頁参照〕よりも重要かどうか、という問いである。この問いに対して本書はウィと答える。なぜならもしこの八一年と八六年の二つのエピソードによって、政治体の振り子の動きを何ら深刻な危機がなくても調整できてしまう能力を第五共和制の制度が持っていることを意味しているのだとすれば、むしろ社会・経済上の構造変動によって、第五共和制は新しい緊張を徐々に抱え込むことになったからである[2]。

（1）一九四六年から七五年にかけてフランスおよび西欧諸国が経験した、高い成長率かつ持続的な経済成長を記録した高度経済成長の時代を指す。この表現は、直後に記されている経済学者のフラスティエが一九七九年に出版した書籍のタイトルから取られた。フラスティエは同書で、戦後直後の農村的な経済構造が、「栄光の三十年」のあいだに、人口の増加、生活水準の向上、大量生産大量消費、生産性向上などにより工業的で都市を基盤とする経済構造に変化したことを明らかにした〔訳注〕。

（2）この一文は第一部の内容と結論を先取りするものであり、敷衍すると以下のように言えるだろう。一九八一年の政策転換（ミッテラン社会党政権の誕生）や八六年の「コアビタシオン」の登場は、確かにフランス全体を揺れ動かすような事件だったが、深刻な危機を引き起こすまでには至らず、この二つの事件がもたらした揺れ動きは解決に至った。そのように解釈すれば、むしろ社会・経済上の深層からの変化によって、この二つの問題が引き起こされたと考えるべきであろう。だとすれば、八一年のミッテラン政権の登場やコアビタシオンの登場よりも、それを引き起こした構造的変化のほうが重要なのである〔訳注〕。

第一章　一九五八〜六八年——定着の時代

第五共和制が生まれた日付は、〔第五共和制憲法が国民投票によって採択された〕一九五八年九月二十八日であろうが、その歴史は、第五共和制に先立つ体制である第四共和制がどのようにして消滅したのかということと分けて考えることは難しい。この〔第四共和制消滅の〕歴史については、コレクション・クセジュの中に収められた書物で描かれているので[1]、ここでは、第五共和制の誕生がどのような状況の中でなされたのか、どうしてそのような形をとったのかという点の理解に必要な要点だけに触れるに留まりたい。はじめに、一九五八年五月十三日があり、政治危機が起こった[2]。この危機を受けて、ド・ゴール将軍が六月一日に〔第四共和制〕首相に就任した。しかしこの就任は、第四共和制に幾度となく起こった内閣の危機を意味しているだけでなく、第四共和制に終焉を告げるものであった。ド・ゴールは最後の首相となったのである。その翌日の六月二日には、ド・ゴールに対して新憲法を準備する許可を与えることを、国民議会は可決した。第五共和制の誕生は九月二十八日を待たなければならないとしても、この六月二日の可決は、第四共和制の死刑判決となったと言えるであろう。これ以降、このような第四共和制の死は計算されたものだったのだろうかという、歴史学上の、また歴史認識上の問題が繰り返しなされるようになる。その答えは複雑であり、五月十三日ごろに遡らなければならない。実のところ、六月一日にはもうすでにプロセスはひそかに始まっていた。ド・ゴールは政権に復帰することよりも、制度を変革できることを優先させたのである。したがって問題は、ド・ゴールの政権復帰は、〔軍とド・ゴールで練られた第四共和制転覆の〕陰謀の帰結なのかどうかである。ド・ゴールの反対者たちは、ある種の陰謀があったという考えに結局は行き着くだろうし、あれは「クーデタ」だったと話し合うだろう。とくに成立から最初の十年間においては、その汚れた生誕の疑いが第五共和制に重くのしかかるのである。暴力の衝突の帰結が、控えめに言っても、内戦勃発寸前の状況に対する不安を巧妙に掻き立てられたことの帰結が、第五共和制を生んだのだという疑いが。

（1）参考文献〔原書巻末〕【1】一一四〜一二〇頁。

（2）しばしば五八年五月の危機と呼ばれ、五月十三日に発生したアルジェリアにおけるクーデタとそれに伴うガイヤール内閣の総辞職、そしてその後の内閣の空白に続く政治的危機を指す。五月十三日、マシュー将軍は、アルジェリアのフランスを主張する現地勢力に押され、「公安委員会」を設立し、第四共和制の政府からの統制を外れた現地の独自権力を設立した。これは内戦の危機をフランスにもたらした。公安委員会はド・ゴールの政権復帰を求め、ド・ゴールは民主主義の順守を約しつつも憲法改正権限の付与という条件を付けて、この公安委員会の要求に応えることを明らかにした。事態の収拾能力を失った第四共和制側はこれらの要求を受け入れるしかなく、ここに第四共和制の崩壊とド・ゴールの政権復帰＝第五共和制の開始がなされる。本段落で述べられている「クーデタ」「陰謀」とは、このことを意味する〔訳注〕。

I　一九五八年の妥協

そうはいっても、五月危機の経緯の解釈として取り上げられた主張がどのようなものであれ、ド・ゴールの政権復帰の過程は憲法的に合法的なものでなければならない。そこで、復帰後の夏、司法大臣ミシェル・ドゥブレ(1)が議長を務める委員会に、新憲法の草案作成が委任された。九月四日、ド・ゴールは憲法草案を国民に対して提示した。演説の場所として選ばれたのが共和国広場だったのは象徴的である。日付の選択もまた同様に意図があった。一八七〇年九月四日は、第二帝政がセダンの戦いによって崩壊に至り、第三共和制が宣言された日だった。また、フランス国民が憲法草案に対して国民投票で意思表明を行なうことは、六月上旬にはド・ゴールがすでに念を押していた。その国民投票の日付が九月二十八日に決まった。この日、フランスの人びとの反応は一点の曇りもないものだった。新しい制度は七九パーセントの賛意によって可決された。この数字は、共産党、社会党と急進党の一部、ピエール＝マンデス・フランス(2)やフランソワ・ミッテランといった一線級の左派政治家が投票への「ノン」を呼びかけたことを考えると、特筆すべきものであった。さらに、憲法草案に対する支持は、有権者が大量に投票に参加したことからも一層明らかだった。この時の投票率は実に八四パーセントにのぼり、有権者数のほぼ三分の一が棄権した一九四六年十月の第四共和制創設の国民投票と比べれば、第五共和制はその前身とは大きく異なったものだった。このような投票率と賛成率がきわめて高かったことは、〔第五共和制という〕新制度に対して疑いようのない正統性を与えたのである。

（1）一九一二～九六年。五九年から六二年まで、第五共和制の初代首相を務め、第五共和制憲法の策定に中心的な役割を果たした、第五共和制初期における代表的なゴーリスト政治家〔訳注〕。

（2）一九〇七～八二年。第四共和制下の五四年から五五年まで首相を務めた中道左派の政治家。在任中にインドシナ戦争の講和を実現させた、第四共和制の代表的政治家〔訳注〕。

1　第五共和制のさまざまな新制度

第五共和制は、合法性の原則にも叶うこととなった。九月二十八日の国民投票によって立法権力が人民主権によって託されることで、第五共和制憲法は実際にこの日に採択されたのであり、この日こそが、新しい政治体制の誕生日と考えることができるからである。この新しい政治体制は、一九四六年にバイユー演説で表明されたようなド・ゴールの考えと、(1)ド・ゴール復帰と新憲法の原則を受け入れた第四共和制の政治指導者たちの考えとのあいだの妥協の産物だった。第五共和制の原則は、第四共和制の制度的仕組みとは、疑いようもなく対照的である。執行権力は強化され、より大きな最高権力を有した大統領がいる。大統領は、もはや議会によってではなく八万人の登録有権者によって選ばれ、首相を任命し、国民議会の解散権を有し、公共権力の機構に関する問題について国民投票に訴えることができる。大統領がその最高権力を強化されたのに対して、二院制の議会は、みずからの権力を引き下げられた。国民議会は五年任期で、不信任決議によってのみ、内閣を辞めさせることができる。そうでなければ、首相が提出した信任決議を否決するかであるが、議会はもはや議事日程を支配する側ではなくなった。議会の立法権限と予算に関する権限は、狭く制限され、整理された。上院は間接選挙によって九年任期で任命されるが、立法の承認という役割に限定されている。

（1）ド・ゴールは第二次大戦終戦後、臨時政府の首班として政権に参加していたが、議会政治への抵抗から一九四六年一月に職を辞した。その後の同年六月にバイユーで演説し、大統領が国家の「調停者」として国家を指導するべきとする、議会の立法権よりも執行権優位の憲法構想を披露していた〔訳注〕。

内閣は、「国民の政治を決定し、指揮する」〔と憲法で規定されている〕。このような規定は、任命する大統領に対して首相がどれほどの自律性を持っているかについて不確定の余地を残している。つまりこの点には最初から、二つの種類の機能不全を呼び起こす構造的な問題をはらんでいた。それは、この両頭政治の二人の人物〔大統領と首相〕が同じ〔国民議会の〕多数派に所属しているならば、首相はエリゼ宮で実際は「決定された」政策をただ執行するだけの役割に限定されなければならないのだろうか。いわんや、もし大統領と首相が同じ多数派に所属していない場合、いったいどうなってしまうのだろうか。

これら第五共和制の諸制度は、憲法に対する国民投票の二か月後に行なわれた十一月の国民議会総選挙によって人民主権の洗礼が間接的ながらも再び行なわれたことで、五八年の秋以降は一層深く根付くようになった。ゴーリスト〔ド・ゴール派の意〕は、第四共和制の末には国民議会にもはや議席を保有しなくなっていたのだが、目を見張るような復活を遂げた。新共和国連合（UNR）[1]という枠組みの中に再結集したド・ゴール派は、一八八議席を獲得し、これは全議席の約三割を占めるものだった。これとは逆に、国民投票に強く「ノン」を推奨したフランス共産党は、一九五六年には二五・九パーセントを得ていた投票獲得率は一九五八年には一九・二パーセントにまで著しく後退した。共産党の後退は、九月二十八日の第五共和制憲法への国民投票に「ウィ」を表明した第四共和制の他の主要政党、SFIO〔社会党〕、MPR〔キリスト教民主運動――中道右派の政党〕、独立派が、二か月後の国民議会総選挙でも地位を維持して充分な議席を確保しただけに、いっそう人びとに衝撃を与えた。

（1）Union pour la nouvelle République――一九五八年に結成されたド・ゴール派の政党。一九六七年に、後述（四六頁）のUDRに刷新された〔訳注〕。

国民議会の総選挙は、単記二回投票制という新しい投票方法に従って行なわれた。第四共和制と比べ、この変更は大きいものだった。第四共和制期の議員の選出法では、比例原則が主流だった。〔これに対して第五共和制の方式の〕発案者は、新しい投票方式によって、まとまった多数派が析出されるようにならなければならないと考えた。そうはいっても、そのような多数派が形成されるのは、以下の二つのケースにおいてのみ可能となる。第一のケースとは、左派であれ右派であれ〔総選挙前から〕多数派の政党が、第二回目投票という増幅器効果によって国民議会で多数派を形成するに至る場合である。第五共和制の最初の二十数年間のあいだに、このような状況となったのは二度ある。一九六八年六月の総選挙におけるド・ゴール派の勝利と、ミッテランの大統領選挙勝利後に行なわれた一九八一年における社会党の勝利である。他方で第二のケースとは、ある一つの政党が議席の単純過半数を単独で獲得するのが難しい場合、このような第一回目投票で単独過半数が難しいと踏んだ政党同士が第二回目の投票までのあいだに（左派内か右派内かで）連立を組んで、多数派を形成するに至る場合である。フランス政治の二極化（ビポラリザシオン）の要因の萌芽は、まさにここにあるのである。

そうはいっても、この日付（一九五八年十一月）では、このような二極化が本当に始まるための要因はまだ登場していない。本当の要因とは、一九六二年から始まる、大統領選挙が国民投票において第二回目の投票の際に二人しか残れない仕組みになったことである。このことを念頭に置くと、一九五八年の憲法は多くの点において妥協でしかなかった。この問題にド・ゴールが取り組み始めるのは、一九六二年になってのことである。さしあたりの規定は、九月二十八日に採択された第五共和制憲法の第六条が定めた、大統領は、国民議会議員、上院議会議員、県議会議員、市町村議会議員の代表によって構成される投票母体によって選出されるという規定だった。

一九五八年十二月二十一日、この選挙人団の七八・五パーセントがド・ゴールの選出に賛同した。ド・ゴールは第四共和制最後の首相に就いた後、第五共和制の最初の大統領になったのである。ド・ゴールが公式に大統領の職を開始したのは一九五九年一月九日のことであり、その翌日、ド・ゴールはミシェル・ドゥブレを首相に任命した。第五共和制憲法が想定した主要な権力機関はこれ以降機能し始め――ただし上院は選挙がさらに後に予定されていたのでここでは除くが――八か月前の一九五八年五月十三日の衝撃から始まった制度変革の局面は終わりを告げた。しかし、このド・ゴールが大統領に就任した時点でアルジェリア問題は何も解決されないままであった。この問題は、解決に至るまでさらに三年半の月日を要することとなる。

2　アルジェリア戦争に直面して

〔アルジェリア戦争の問題が解決に至るまでの〕これらの年月は、誕生して間もない第五共和制にとって過酷なものだったとしても、その内容の濃密さゆえに、第五共和制は確かに根付いていった。アルジェリア戦争は第四共和制の崩壊を少なくとも間接的に引き起こしたが、アルジェリア戦争に関わる幾多の危機を乗り越えることで、新しい体制である第五共和制の有効性を証明することにもなったからである。ここでその危機の経緯と内容を詳しく記すことはできない。大雑把にいって、ド・ゴールによるアルジェリア戦争への対応は、こんにちから振り返ると、三段階に分けることができるだろう。第一段階は、第四共和制の最後の諸政府によって進められた政策と、少なくとも見た目はまったく変わらない対応である。確かにド・ゴールは、一九五八年六月初頭に、熱狂するアルジェの人びとの前で「諸君らのことはわかった《ジュ・ヴ・ゼ・コンプリ》」という謎めいた台詞を発した[1]。しかし続く秋には、「勇者の平和[2]」をみずからの望みだと述べながら、ド・ゴールの対応は改革[3]（コンスタンティーヌ・プラン）を約束するにとどまった。しかし翌年の夏の終わりごろに、最初の決定的な対アルジェリア政策の路線転換がなされた。〔第二段階は〕一九五九年九月十六日、ド・ゴールが「自己決定原則[4]」をぶち上げ、アルジェリアの今後とるべき姿について三つのあり得る方式を提示した〔ことで始まった〕。それは、アルジェリアの住人みずからがアルジェリアの将来についての態度を明らかにすることで「フランスのアルジェリア[5]」の維持か、離脱か、提携かのいずれかに、アルジェリアの地位を決することを意味するものだった。この時ド・ゴール本人は自分が何を望んでいるかについて何も明らかにしなかったが、しかしフランスのアルジェリアを支持する者たちは、この時、裏切られたという感情を抱いたのである。この時点から、「ピエ・ノワール」〔アルジェリア出身のフランス人〕とド・ゴールとのあいだに、すさまじい軋轢が生じた。それから数か月が経った一九六〇年一月にアルジェで勃発した「バリケードの一週間」[6]は、この衝突がいかにひどかったかをよく示しているし、同年九月にド・ゴールが「アルジェリア共和国」の名のもとにアルジェリア独立を事実上初めて提案したことで、さらに悪化の一途をたどることとなる。こうして第三の段階に入ったが、ここではド・ゴールは世論の支持に支えられた。自己決定原則について問うた一九六一年一月の国民投票は、七五・二パーセントが「ウィ」を表明したのである。第五共和制においてアルジェリア問題の解決に要した時間は、最終的に、第四共和制における問題が続いた期間とほぼ同じ四年半であるが、いずれの危機においても第五共和制はつねに状況をコントロールしていたし、それぞれの危機を乗り越えるたびにド・ゴールの立場は強化された。「バリケードの一週間」が起きた一九六〇年の段階で既に、結局ド・ゴール側に有利になる形で幕が下ろされたのである。さらに、翌年のアルジェでの「将軍たちの反乱」は、一九五八年五月十三日の事件よりも遥かに深刻な歴史的な状況を作り出したが、すぐに挫折して、ド・ゴールの政府は状況を一貫してコントロールし続けることができた。これらの危機の解決によって、第五共和制は功績を得て成功を収めただけでなく、一九五八年秋の二度の民衆による第五共和制への洗礼ののち、第五共和制の基礎にくいが追加で打ち込まれ、この体制はさらに定着することになったのである。

（1）アルジェリア独立反対派のフランス系アルジェ住民たちはこの言葉を、ド・ゴールが自分たちへの理解と独立反対を表明したと考えた〔訳注〕。
（2）一九五八年十月二十三日にド・ゴールがFLNに一方的な停戦を要求した際に、この停戦をこのように称した。FLN側は、無条件降伏を要求されたとしてこれを拒否した〔訳注〕。
（3）一九五八年十月三日に、ド・ゴールがアルジェリアの主要都市のひとつコンスタンティーヌで表明した改革案。住宅整備や雇用創出などの経済改革が主だが、それはアルジェリアがフランスにとどまることを前提とするものだった〔訳注〕。
（4）アルジェリアの独立の決定をアルジェリアでの住民投票によって決する方針のこと。独立に反対するヨーロッパ系の入植者と独立に賛成する現地系住民の人口比率を考えると、この方針は実質的には独立容認を意味した〔訳注〕。
（5）フランスのアルジェリアとは、アルジェリアが引き続きフランスにとどまること示す。すなわち、従来のアルジェリアの立場の維持であり、アルジェリアの独立反対を意味した〔訳注〕。
（6）アルジェリア独立に反対する勢力が、アルジェ市内にバリケードを築いてド・ゴール政権に対する反乱を企てた事件。一九六〇年一月二十四日から二月一日までの一週間続いたため「バリケードの一週間」と呼ばれる〔訳注〕。

さらにド・ゴールは、民族解放戦線（FLN）〔アルジェリア独立を追求するアルジェリア人側の組織〕と交渉を始めていたが、一九六二年三月十八日に、FLNとエヴィアン協定を調印するに至った。エヴィアン協定は、一九六二年四月八日に、国民投票によって九〇パーセントという圧倒的な賛同を得た。この協定にもかかわらず、一九六二年春のアルジェリアでは〔独立反対派と賛成派が暴力的に衝突する〕痛ましい事件が多く起こり、すぐに「ピエ・ノワール」の大量脱出が始まり、彼らは実際に「帰還者」[1]となる。それでも、アルジェリアの独立は七月三日に発効した。こうして第五共和制は、アルジェリア戦争の最終局面において多くの血が流された動乱があったにもかかわらず、最初の混乱を極めた数年を脱したのである。ほぼ四年間にわたって繰り返された危機は、インフォーマルなもしくは公的な組織がフランスの民主主義の新しい形に対して内在的に敵対していたことを意味していたのではなく、アルジェリア独立に対するけりのつけ方に対する異音を意味していた。

（1）アルジェリアは法的には植民地ではなかったのでアルジェリアから本土への移住は「帰還」ではないが、そこから逃れてきた彼らは、実質的には植民地から本国への帰還となる〔訳注〕。

この一九六二年のアルジェリア戦争の解決は、きわめて重要な歴史的画期となった。というのも、アルジェリア戦争が終わったことによって、この国が一八七〇年以降約一世紀にわたって戦争ばかりしてきたという傾向は終わったからである。ヨーロッパの戦争〔一八七〇年から一九六二年までの〕約九十年間、フランスの歴史は戦争とともにあった。〔普仏戦争〕、二度の世界大戦、一九四七年からは東西間の冷戦、二つの植民地戦争。その二番目の戦争であるアルジェリア戦争は第四共和制を崩壊に導き、一九六二年まで第五共和制の主要な問題であり続けた。フランスの感情の多くが一〇〇年近くそのような戦争の存在によって深く掻き立てられ形づけられたが、六二年以降戦争はフランスの国民的意識から姿を消したのである。これは、この時期に冷戦が、「平和的共存」の名のもとに緊張緩和の局面に入っていっただけに、いっそう戦争への意識は遠のいた。

帝国に別れを告げ、一世紀にわたる植民地的膨張を経て国土が本土《エギザゴン》に縮小したことは、また別の理由から、フランスにとって根本的だった。つまり、六〇年代初頭のフランスに、一〇年に満たない時間の中で、地理的単位の変化が起こったのである。このエギザゴン（ヘキサゴン）という言葉そのものが、けだしこの変化が起こったことを伝えている。〔海外領土を含まずヨーロッパ大陸のみのフランス本土を意味する」ヘキサゴンなる言葉が使われるようになったのは、まさにこの時代だったからである。ヘキサゴンの歴史の続きと、生まれたばかりの第五共和制の歴史は、これ以降地理的に縮小した範囲で行なわれることとなる。そのような状況は、まったく同じ時期に、数年前から始まったヨーロッパ統合のプロセスにフランスがエネルギーを注ぎ始めるばかりでなく、さらにナショナルな共同体が過去と比べていっそう外に向けて開き始めたという事実と適合する。すなわち、ラジオ、テレビや映画といった映像大衆文化が活気を取り戻し世界大に広まったこの六〇年代という時代において、フランスに音楽やイメージが徐々に浸透していったのである。そのような音楽や映像にとって、国境など最早意味をなさない。言い換えれば、地理的な縮小以上に、ナショナルな共同体が以前よりひどく複雑な「地理的単位の作用」の中に組み込まれるのが見て取れるようになったのである。つまり、一九六〇年代初頭に起こった大統領が持つ求心力に政治の中心を置くような変化は、新しい遠心力の急速な発展を伴うものであり、それは以前であれば植民地の拡大によって引き起こされるような性質を持っているものなのである。したがって第五共和制とは、このような複雑でかつ可変的なプロセスが、フランスが活動する新しい地域を浮かび上がらせた時代に設立された政治体制なのであった。

Ⅱ　一九六二～六五年――早かった定着

一九六二年は、アルジェリア戦争が終結したという理由だけで、現代フランス史に刻印されたのではない。この年は、第五共和制にとっても決定的な年だったのである。一九六二年になってようやく、ド・ゴールと大多数の政治家とのあいだでの激しい政治的闘争の末に、第五共和制は本来持つべき制度的な形態をとったのである。この闘争に一旦は勝利したものの、第五共和制は、最初から計画された試練に直面することとなった。しかしその「試練」を導入するために、一九六二年の憲法的改正は最大のエネルギーが投入されたのである。〔その試練が最初に訪れたのは〕ド・ゴールの大統領任期が終わった一九六五年に実施された、国民の直接投票による大統領選挙の時だった。

1　再創設の年としての一九六二年

アルジェリアの独立が達成された後、ド・ゴールは第五共和制の再構築、すなわちド・ゴールが元来望むような政治的考えにいっそう沿った最終的な輪郭を作り出すことに乗り出した。というのも、先にみたように、一九五八年〔の憲法〕は、制度的にはある種の妥協として生まれたからで、ド・ゴールは妥協から脱したいと望んだのである。二つの要素がこの妥協の改革を後押しした。一つはド・ゴールの考えであり、もう一つは偶発的に起きた事件だった。強固で安定的な執行権によって支えられる強い国家への望みと、この執行権と人民主権とのあいだに不可分な関係を結びたいという二つの事柄を切望したド・ゴールは、フランス大統領は間接選挙ではなく国民によって直接選出されることを望んだのである。アルジェリア戦争が続いているあいだに、一九五八年の妥協を見直すことは現実的には難しかった。しかし、一九六二年にアルジェリア戦争が終結してからは、ド・ゴールは第五共和制に彼が望むような制度的な枠組みを付与させることを望むようになった。そしておそらく、彼の憲法改正の計画は、一九六二年八月二十二日に起こったプチクラマールでの暗殺未遂事件によって加速することとなった。この日ド・ゴールは、ＯＡＳ(1)のメンバーが企てた暗殺計画を寸でのところでかわした。暗殺事件に巻き込まれたこと、そしてすでに七十二歳に達していたその高齢ゆえに、ド・ゴールはみずからが絶対に必要だと考えていた計画を急いだと思われる。〔というのも、暗殺を逃れてから一か月もしない〕翌月の九月十二日にド・ゴールは、国民による大統領直接選出制を規定する憲法改正案のための国民投票の実施を発表したのである。

（1）秘密軍事組織の意。アルジェリア独立を阻止するために一部の軍人や政治家により結成された地下組織。数多くのテロ行為に手を染め、数百人にのぼる犠牲者を出した〔訳注〕。

この発表は、すぐに激烈な反対を引き起こした。その反対は、二つの点に対してなされた。第一には、ド・ゴールが選んだ手続きの仕方に、国会議員の多数が批判を加えた。というのも、憲法改正の決断を下す権利は議会にあり、国民投票への訴えは正当化されないと議員たちは考えたからである。第二に、なにより、大統領を国民による直接選挙で選出するという原則自体に対して、大多数の政党政治家は非難を加えたのである。実際に政党政治家は、すぐさま反撃を開始した。十月五日、国民議会は、四月に発足したポンピドゥー内閣に対する不信任決議を四八二票中二八〇票の賛成によって可決した。ド・ゴールは即座に反撃した。憲法によって規定されている特権を行使して、国民議会を解散したのである。

こうして数週間のあいだに、フランス人民は、この政治的闘争に対して二度にわたって裁定を下すこととなったのである。〔ド・ゴールが提起した大統領直接選出への憲法改正案に賛否を示す〕国民投票は十月二十八日に実施が決定し、国民議会の総選挙は十一月十八日と二十五日に行なわれること〔国民議会の総選挙は二回投票制〕が予定された。この二度の政治的戦いに、ド・ゴールの勝利が確約されていたかといえば、そのようなことはなかった。第五共和制創設の是非を問う国民投票は四年前のことであり、政治的な権力関係はすでに変わっていた。一九五八年においては、社会党とMRP〔中道右派〕と独立派〔中道〕という共産党以外の左派からリベラル右派までの幅広い勢力が、ド・ゴールを支持していたのである。しかし一九六二年においては、たった一つの勢力を除くすべての政党がド・ゴールに反対したのである。ド・ゴール派のUNRと若き大蔵大臣のジスカールデスタンに率いられた独立派から分離したグループを例外として、それ以外のすべての政党が「ノン」を投じることを表明した。とはいえ、この反対陣営は「ノンのための連合」とも呼ばれたきわめて多様な陣営の寄せ集めであり、口先だけの多数派でしかなかった。それゆえ国民からの支持を得ることはなく、投票結果は「ノンのための連合」に対してそっぽを向いたものだった。〔国民投票日の〕十月二十八日、〔憲法改正案に対する〕「ウィ」は六一・七パーセントに上った。確かに、このような結果は、一九五八年の結果からみると一見あまり印象的ではない。しかし「ノンのための連合」が非常に巨大な政治的勢力であったことを考えると、この投票結果は紛れもなくド・ゴール個人に対する勝利であり、それには以下のような政治的勝利を伴うものだった。すなわち、国民投票という手続きによって人民主権に憲法改正権力が付託された以上、国民投票に対する賛成多数は憲法の改正を当然にもたらしたのである。こうして一九六二年十月二十八日は、第五共和制が生まれ変わった日となった。第五共和制は、大統領の地位を根本的に修正することで、制度的な仕組みを根底から作り直したのである。

このド・ゴールの勝利は、一か月後、国民議会の総選挙の結果、さらに確固たるものとなった。ド・ゴール派は単独でほとんど過半数を占める二三三議席を獲得し、これに加えてジスカールが率いる独立党グループが獲得した三六議席と合わせて、ド・ゴール支持勢力は国民議会で安定多数を確保したのである。ド・ゴールはポンピドゥーを首相に再任し、ポンピドゥーは、その後の強固でゆるぎない政策を準備した。さらに、この国民投票と総選挙を受けて、一九五八年に設計され六二年に改正されたこの第五共和制という体制の正統性は揺るぎないものとなり、反対者からの異議申し立てを突きつけられることはもはやありえなくなったのである。

それどころか、この憲法改正は、次の政治的な対決の日を必然的に確定した。ド・ゴールが一九五八年十二月に共和国大統領に就任したことにより、この大統領の任期は一九六五年末に切れることになっていた。この一九六五年に予定されている大統領選挙は、実に、一八四八年以降史上初めての国民による大統領直接選出選挙だった。大統領選出が直接選挙に改正された一九六二年秋以降、このような大統領選挙の構造的な影響は、すぐに明らかになる。と同時に、政治勢力が大統領選に向けて戦闘隊形を徐々に整えていくことは、第五共和制が歴史の新しい段階に入ったことを意味していた。一九五八年に最初に規定され六二年に修正された第五共和制の諸制度は、国民投票と総選挙によって二度にわたる承認を得たことで、その創設者たるド・ゴールはこの時期を通じてより一層強さを増したのである。さらに、それに続く定着の局面は、社会経済的に非常に好ましい時代に起こった。フランスは〔高度経済成長という〕史上かつてない経済的な豊かさと、未曽有の社会変動を経験することになるのである。第五共和制の歴史を理解するためには、この要因を頭に入れておかなければならない。第五共和制の誕生と発展は、「栄光の三十年」のさなかに起こったのだ。フランス解放[1]から始まった「栄光の三十年」は、人びとを魅了する成長をもたらし、第二の成長期が一九六〇年代初頭から一九七三年秋の第一次石油ショックまで続いたのであるが、これはフランス史において類を見ない局面を作り出したのである。

（1）解放 Liberation とは、第二次大戦、ナチス・ドイツに占領されていたフランスが解放されたことを指し、転じて一般的にはフランスにとっての第二次世界大戦の終戦を意味する〔訳注〕。

このような文脈の中では、国家を指導する大統領と首相という二頭制は、調和的に機能しているように見えた。首相は注意深くこの高揚と変動の時代を指揮し、やがて歴史家のジャン・トゥシャールはこの時代を「管理されたゴーリスム」[1]の時代と呼ぶことになる。当初からポンピドゥー首相は、フランスは世界でも抜きんでた工業力を有する国家でなければならないと考えており、そのために国家の経済的な近代化を推し進めなければならないと考えていた。そのような政策を進めることは、一九六三年の炭鉱夫ストライキ(2)のような社会的対立を必然的に招くこととなった。しかしこのようなポンピドゥーの考えは、ド・ゴールの構想に合致するものだった。フランスの政治的安定を保証する制度を作り上げると、今度は国家の自立と〔世界政治における〕「地位」——これはド・ゴールが唱えた用語の中で最重要事項だった——の推進にド・ゴールは乗り出そうとしたのである。このような目的は国防と外交にかかわるものである。一九六〇年二月における最初の原子爆弾の実験成功を受けて、フランスは核搭載潜水艦の建造に乗り出し、さらに計画にはミラージュIV爆撃機も加わった。そして一九六六年には、ド・ゴールは大西洋同盟の一員でありつつも、NATOの軍事機構からの脱退を決定したのである。

(1) ゴーリズム——ド・ゴール主義の意。ド・ゴールを通して体現される保守的な政治信条体系。「偉大なるフランス」を求める姿勢、国家介入的な経済政策、フランスの国際的地位向上の追求等が、その構成要素として挙げられる〔訳注〕。

(2) ノール・パ・ド・カレー地方の炭鉱において、一九六三年三月から四月にかけて四〇日近く続いたストライキ。三つの労働組合が連帯し、フランスにおける炭鉱ストとしては最大規模となった〔訳注〕。

2　一九六五年、構造化された選挙

この間に、ド・ゴールは一九六五年十二月の大統領選挙において、再選を果たしていた。〔ところが〕ド・ゴールは第一回投票日(1)の一か月前にあたる十一月四日まで、みずからの意図についてお茶を濁し続けており、ようやくこの日になって、みずからの考えを明らかに〔再選のための立候補を表明〕したのである。対照的に野党陣営が、六二年秋の憲法改正直後からこの六五年の大統領選に向けてすでに始動していたことは、先に述べたとおりである。このような、野党が前もって大統領選に向けた準備を始めていたことは、第五共和制の制度があっという間にフランスに根付いたことを、さらに示していた。かつての〔憲法改正に反対していた〕「ノンのための連合」を構成していた政党こそが、一九六五年の選挙を予想して第一党に身を置こうとしたのである。

（1）大統領選挙は二回投票制になっており、第一回投票で過半数を獲得する候補者がいない場合、上位二名の候補者による決選投票が二週間後に行なわれる手続きをとる〔訳注〕。

これらの野党陣営においては、SFIO〔社会党〕の社会主義者たちが中心的な役割を果たすこととなる。SFIOが同盟を組む相手を共産党にするのかそれとも中道勢力にするのかによって、有権者に提示される、ド・ゴール的考えに対する代替肢となる政治的な構成は変わることになる。SFIOが共産党と組むのか中道と組むのか、この二つの様式はそれぞれに支配的だった。六三年から六五年六月まででは、SFIOの中心的指導者の一人のガストン・ドゥフェール(1)は、SFIOと急進党とMRPの、つまり非共産党系の左派と中道右派を包括する「大同盟」の形成を試みようとした。この試みは二年にわたる交渉の末、一九六五年六月に失敗に終わった。大統領選挙の投票日の半年前になっても、ド・ゴールに対する反対派は、ド・ゴールに替わる計画を欠いたままの状態だったのである。

（1）一九一〇～八六年。社会党の政治家。マルセイユ市長を長く務めた。第四共和制期から活躍したキャリアの長い社会党指導者の一人であり、第四共和制期には海外植民地相として、ミッテラン政権下では内相を務めた〔訳注〕。

このような状況下で、夏の終わりごろ、第四共和制に活躍した政治家で第五共和制の制度にこの時まで反対していたフランソワ・ミッテランが、表舞台に上った。政治の酸いも甘いも熟知していたミッテランは、この政治的間隙をうまく突き、大統領選への立候補を表明し、数日のあいだに社会党と共産党からの支持を得たのである。社会党といえば、ミッテランは党からの支持はその時まで受けていなかったし、共産党といえば、ミッテランと共産党とはあまりに距離が離れていた関係だった。さらに、急進派からの支持も得たことで、ミッテランは大統領選挙に向けた左派全体の代表となったのである。

候補者となったミッテランは、二重の意味で、六二年の制度的再生から三年間過ぎた六五年における、第五共和制の状況の啓示者となった。第一に、この体制の即急な定着は、ミッテランによる策謀からも間接的に確認できるものだった。ミッテランは第五共和制に対して最初から反対しており、六四年においてもド・ゴールの体制を「恒久的なクーデタ」とパンフレットで語っていた。ところが、当初自分が反対していた国民投票による大統領の選出によって、権力制定のための新しいメカニズムが作りあげられたことをミッテランはまさしく同時に理解していた。だから、ミッテランは第五共和制に参入するための政党を率いたのである。第二に、数週間のうちに左派の単一候補者にのし上がることに成功したその事実は、一九六〇年代の中盤に制度がいわば声変わりしたことを示していた。大統領選挙ならびに国民議会総選挙の投票方法が、政治勢力の二極化を生み出したのである。たしかに、この時には二極化のプロセスはほとんど始まっていなかった。一九六五年十二月五日の第一回目投票の結果、ド・ゴールは四四・六五パーセントの票を獲得したが、一回目で過半数を獲得できず、ド・ゴールは二回目の決選投票に進んだ。ド・ゴールが一回目投票で過半数を取れなかった《バロタージュ》ことは、ミッテラン（三一・七二パーセント）およびルカヌエ[1]（一五・五七パーセント）の健闘ゆえだった。とくにルカヌエの健闘は、この当時には中道の反対勢力がまだ強かったことを物語っていた。しかしそうはいっても、二極化へのプロセスを止めることはできなかった。而して、ミッテランの第二回目投票結果は四四・八パーセントだった。

（1）ジャン・ルカヌエ——一九二〇～九三年。第四共和制期からMRPに所属していた中道派の政治家。六三年から六五年までMRP党首を務めた。その後ジスカールと共にUDF結成に役割を果たし、ジスカール政権下では司法大臣等入閣を果たす〔訳注〕。

有権者の八五パーセントが投票したこの選挙を受けて第五共和制がより強固なものになったとしても、ド・ゴールの再選の帰結は、六二年秋の政治的勝利の結果生まれた有利な局面ほどのものはなかった。ド・ゴール再選のインパクトを弱めた要因は二つあった。やがて当たり前のこととして扱われるようになるバロタージュは、当初は半ば失敗として解釈された。それに、ド・ゴールが再選した時の年齢は実に七十五歳だった。ド・ゴールが老齢であることは、これ以降不利にしか働かなくなる。だが、衰退の進行はド・ゴール個人に留まるものではなかった。六六年以降、ド・ゴールへの反対陣営は勢力を増し、ド・ゴール派の立場は衰えていった。ド・ゴールは歴史的指導者としてのその名声ゆえに、六五年の大統領選挙の際には左派も含めた数百万票の支持を集めることができたが、この集票基盤は、六七年三月の総選挙には消滅してしまったようだ。六七年総選挙を受けて形成された多数派は、本当に首の皮一枚のところで作られた。この選挙では、ゴーリストとその提携者である独立共和派——一九六六年にジスカールによって設立された政党はこのように名乗るようになった——は、全四八七議席中、二四四議席という、過半数をわずか一議席のみ超過して多数派を確保したのだった。これに対して左派の反対は、六五年のミッテランの健闘に発奮され、また六六年に締結された辞退協定[1]によって強化されたことで、二〇〇近い議席を確保した。また野党の中道勢力も四一議席を獲得するに成功した。それゆえ、無所属の幾人かの議員を多数派に靡かせることはできても、ポンピドゥーが国民議会で駆け引きする余地は非常に狭いものだった。

(1) 総選挙は二回投票制になっており、第二回投票には第一回投票で一定程度の票数を獲得した候補者が進むことができる(第一回投票で過半数の票数を獲得する候補がおらず、第二回投票に進むことをバロタージュと呼ぶ)。辞退協定とは、第一回投票では各政党が独自の候補者を擁立するが、第二回投票では、第一回投票で一番の票数を獲得した候補者以外は自動的にバロタージュを辞退することを定めたものである〔訳注〕。

〔このド・ゴール派に対するギリギリの勝利が発した〕警告は明確なものだった。第五共和制が定着するのと同時に、その設立者は、五八年から六二年における政治闘争を戦い抜いてたどり着いた頂上からほとんど無意識のうちに下り始めていたのだ。しかしこのような状況をよく見れば、生誕から一〇年がまだ経っていない第五共和制が定着していることをさらに示しているものと解釈することも可能だろう。たしかに、ド・ゴールに関して言えば、彼がすっかり息を切らしていたことは確かであろう。英雄的な時代は過ぎ、反対派陣営は勢力を増し、老いが行く手を阻んだ。と同時に、一九五八年におけるド・ゴールの政権復帰〔がある種のクーデタではなかったのかという〕問題に対する議論はあったが、この時にはもはやド・ゴールの正統性に異議を唱えるものは誰もいなくなり、その正統性は六五年十二月の〔大統領選挙での再選という〕国民による塗油〔承認〕によって一層はっきりしたのだ。それに加え、〔五八年までの〕

第四共和制末期の危機の時代と五八年から六二年までのアルジェリア戦争の継続と結びついていた深刻な局面を抜けたことで、六五年から六七年にかけて、政治的には再び落ち着きを取り戻したという見取り図を描くこともできるだろう。六七年以降、共和制の生態系は均衡状態を取り戻した。フランスは加速する経済成長とかつてない豊かさに突き動かされ、落ち着いた民主主義の運用が再び確立し、ド・ゴール大統領は国際的な国家元首の一人となった。しかしこの時、突如としてある危機が勃発し、取り戻したはずの安定が脅かされるのではないかと思われた。一九六八年の五月革命が、雲一つない青空の中に不意に姿を現わしたのである。

Ⅲ　負荷試験《ストレス・テスト》としての五月革命

ここで六八年五月の危機の詳細を語るのはやめておこう。五月危機は、その荒っぽい出現の仕方によっても、その規模によっても、政治家たちに大きな衝撃をもたらした。ド・ゴールは六七年の大晦日のテレビ演説の中でこう語っていた――「次の一年間、私は自信を持ってこの国のためにすべきことをしたい」。しかし史上類を見ない経済的繁栄を謳歌しているフランスの中心部で、急激な反応が連鎖的に起こることとなる。五月三日から始まった大学生が引き起こした最初の危機は、同月十三日のゼネスト発生以降はより広い社会全般の危機的な状況へと発展したのである。わずか数日であちこちの会社が占拠され、経済活動はあっという間に麻痺していった。この五月の十日間のあいだに進んだ社会的事件の濃密さは非常に重要である。なぜなら、学生運動のスローガンやモットーは、当時進んでいたプロセスが広い意味で労働者的な現実を有していたことを隠すものであってはならなかったからである。この点に、この五月革命に重要性を与えるアンビバレンスが存在した。五月下旬のフランスは、社会活動がストップしている状態であったのと同時に、言葉が解放された状態でもあったのだ。つまり、人びとが話し合っている言葉《パロール》がすべてを支配するのと同時に、政治権力は今起こっていることをもはや統制できないように感じられる、そんなユートピア的瞬間がフランスを包み込んだのだった。数週間のあいだに、危機は全体に広がり、体制は根底から揺らぎ始めたように思われた。同月三十日になって初めて、事態は展開した。ド・ゴールがラジオで流された短い演説の中で、国民議会の解散を告知したのである。この瞬間、フランスは総選挙に向けた準備を始め、政治的舞台の上で、〔五月革命が引き起こした問題の〕決着がつくことになった。その結末は、パラドックスに満ちているように思われた。なぜなら、危機は紛れもなく左派のイデオロギーから引き起こされたが、それが二十三日と三十日の選挙で終結した時、選挙結果はド・ゴール派の圧倒的な勝利に終わったからである。

　このような目を引くパラドックスはともかく、五月革命が誕生からわずか一〇年の第五共和制に与えた影響とはどのようなものだったのだろうか。この問いに答えるためには、物事を見る目を広角レンズに切り替えて、ナショナルな共同体のレベルにまで広げて検討することが必要となる。ナショナルな共同体に対しては、五月革命は二つの大きな効果があった。振動効果と加速効果である。振動効果は疑いようもなかった。五月革命はフランスという人体に不意でかつ強い電気ショックを与えたのだ。しかしそのような衝撃は、全国に広まり増幅した波動を作り出したからこそ、歴史的に見て重要なのである。五八年の創設の時以上に、六八年五月は、変動が進みつつある時代であるのと同時に、その変動がより大きな動力につながる加速の時代でもあった。このような多くの点での増幅プロセスを念頭に置くと、五月革命とは何だったのかといえば、それは歴史的な粒子加速器だった。

とはいえ、第五共和制はこのようなナショナルな共同体の加速度的変動によって苦しんだのではないのだろうか。よく考えてみると、発足間もない第五共和制は、短い期間で、超法規的な手段に訴えることもなく深刻な危機をコントロールするに至ったように思われていた。それに、〔五月革命によって〕数週間にわたって強くゆさぶられたにもかかわらず、第五共和制が積み上げてきた合法性と正統性は損なわれることはなかった。それに、このような危機の背景には、経済成長に加えて栄光の三十年がもたらした影響としての狭められた社会的関係があった。〔危機が過ぎた〕六八年の夏において、根本的に考えなければならないこととして、どちらかといえば中期的な視野に基づく問題を投げかけ続けていた。なぜなら、確かに第五共和制はこの五月革命という〔負荷をわざとかけてその強度が充分かテストする〕負荷試験《ストレス・テスト》を経てより強固になったが、大変動を加速させてしまう効果までも和らげる能力があるのだろうかという問いが問題になったからである。

第二章　一九六九〜八一年――均衡期

　実のところ、第五共和制に対する本当の最初の異議申し立ては、六八年よりもその後の時代において起こった。そこでは、第五共和制のアイデンティティとその永続性に関して、二つことが問われることとなる。第一に、第五共和制が定着していると確信されていたまさに同じ時期に、一九六九年四月にド・ゴールが十二年間の任務の後に突然引退したことによって、その構造物は脆くなるのではないだろうか、という問いである。もし五月革命の動揺がポジティブな負荷試験に終わったとしても、この事件は非常に強い衝撃波を発したのであり、ド・ゴール以後の政府はどのような方法であれそれを政治的にコントロールしなければならなかった。そしてこのようなコントロールはやがて、圧倒的な経済成長と広く共有される豊かさのもとでは、もはや実行不可能になるのである。つまり、第二に、繁栄の中で生まれた共和国は、一九七〇年代を通じて景気変動に直面し、一九七四年以降「栄光の三十年」は社会経済的な危機に取って代わられた。そのような危機は、やがて悪影響をもたらすこととなる。

I　ド・ゴールなき第五共和制

一九六八年六月の国民議会総選挙での勝利にもかかわらず、ド・ゴールは、彼が創設した体制が動揺しなかったのとは違って、いくつかの理由から五月革命の危機によって彼個人はひどく揺さぶられた。何よりも第一に、世論が、総選挙におけるド・ゴール派の勝利はド・ゴールによってもたらされたと考えなかったことである。危機を解決したのはポンピドゥー首相の功績とみなされ、ド・ゴールがそのことにいら立ちや忌々しさを感じていていたのは疑いようがなかった。いずれにせよ、〔総選挙が終わった〕六月三十日から数日後、ド・ゴールは首相をクーヴ・ドゥ・ミュルヴィル〔一九〇七〜九九年。外交官、一九五八年より外相〕に変えた。とはいえド・ゴールは、総選挙におけるド・ゴール派の華々しい勝利を喜んでいたものの、この勝利がひどく人工的な性格を持っていることを強く感じていた。というのも、この政治的な勝利は無秩序の到来を恐れる気持ちから来ていたので、一新された持続的な支持である保障などどこにもなかったからである。人民主権の支持によって権力の正統性は生じるという考えをド・ゴールはみずからの政治的理念の中核に据えていただけに、ド・ゴールはこの勝利の脆さをよく理解していたのである。

その数か月後に、上院の改革と地方分権に関する国民投票の実施をド・ゴールが提起したその主な理由の一つは、おそらくこのようなものであろう。確かに、このイニシアティブは、彼が望んだ改革を実現させたかったという理由もあるが、損なわれたと感じていた政治的な正統性を再生する何よりの機会としてド・ゴール自身は捉えていた。とはいえ、確かに、政権復帰したド・ゴールはみずからの権力の正統性を、最初の大統領信任を問う国民投票から個人的思惑からなされた選挙に至るまで、選挙によって何度も確保してきた。しかし今回実施される国民投票については、これを選挙民に問うのは行き過ぎだった。ド・ゴールの提案は六九年二月に発表され、投票日は四月二十七日に決定されたが、この案はすぐに断固としたしかも多方面からの反対にあった。左派だけでなく、独立共和派のジスカールも国民投票にかける改正案に反対を表明した。しかし、ド・ゴール自身が熟考した末に政治的な自殺を望んだのだと、アンドレ・マルロー(1)によって支持されたように、ド・ゴールは歴史の表舞台から去る様子を劇的に演出しようとしたのだろうか？　確かに言えることは少ないが、ド・ゴールは自分の提案が採択されることを望み、それと同時に傷ついたと感じていた正統性が取り戻されることを望んでいた。

（1）一九〇一～七六年。小説家、政治家。一九二〇年代から小説を著し、第二次大戦中はレジスタンス活動に身を投じてド・ゴールと親交を持った。第五共和制発足後、ド・ゴール政権下で一貫して文化相を務め、フランスの文化政策の推進役を担った〔訳注〕。

ド・ゴールは国民が自分を嫌い始めていることを、徐々ではあるが感じ始めていた。憲法上の規定においても、また第五共和制の慣習においても、みずからの任期を賭けることを強いられることはなかった。なぜ彼がそうしたのかといえば、これまでにも強調したように、ド・ゴールは人民主権的な考えを抱いていたので、そのような態度をとったのである。また、投票の前々日にド・ゴールは争点を個人的な問題にすり替えた――「もし私がこの国の人びとの多数派から否認されれば、すぐに私はみずからの職を行使するのをやめるだろう《ジュ・セッスレ・デグゼルセ・メ・フォンクシオン》」。すでに選挙結果の予想アンケート調査は否決と報じていた〔のにである〕。しかし、たとえそうであっても、引退までの道筋を考えるよりも、お得意の〔国民〕投票に大きな意味があるのだと誇張することのほうが、また五八年の政権復帰以降一貫して同じ政治的ロジックの中で筋を通し続けることのほうが、ド・ゴールにとっては重要だったのだ。だから、投票日の四月二十七日に結果が確定した時、ド・ゴールの決定もまた確定したのである。夜中の十二時、二十八日になったその瞬間、簡潔な声明がエリゼ宮〔大統領府〕から発せられた。それは、前々日に発せられた不吉な前兆〔となった声明〕をほとんど一字一句繰り返したものだった――「私は共和国大統領の職を行使するのをやめる《ジュ・セッス・デグゼルセ・メ・フォンクシオン》。この決定は〔本日〕正午に発効する」。

こうしてド・ゴールは大統領を辞任したが、第五共和制の一つの時代がここで終わった。アルジェリア戦争の苦難の中で荒々しく誕生し、六二年秋の政治的危機の興奮の中で修正された第五共和制は、とりわけ六五年の国民による直接大統領選挙によって、フランス人がその制度的な運用方法にすぐさま参画し慣れることで定着を果たした。だが、ド・ゴールという第五共和制の創設者が突如引退したことで、〔密接に結び付く〕二つのこれまで問われなかった問題が問われるようになった。〔第一には〕ド・ゴールがいなくなった後でどのようにして第五共和制の諸制度を発展していけばよいのだろうか〔という問いである〕。ド・ゴールは彼が望む方向に制度を作り上げ、代弁したので、六五年にはその職にとどまり、役割を果たすことができたのだ〔そう考えれば、当然に次の第二の問いが発せられよう〕。そうやって構築された枠組みは、ほかの人物が、ド・ゴール派以外のほかの政治勢力が第五共和制に適応することを許すのだろうか〔という問いである〕。

2 ポンピドゥー時代

一九六九年に、ド・ゴールの後を継いだのもまたゴーリストだった。交代は滞りなく行なわれたので第五共和制の機構はよく機能していることを明らかにしたが、政治的変革の時はまだ到来していなかった。それは、大統領職が創設者の政治的一門〔ゴーリスト〕の手からは離れ、ほかの一門の手にわたる、一九七四年と八一年を待たなければならなかった。というのも、たとえド・ゴールとポンピドゥーとの関係は徐々に、とりわけ六八年七月にポンピドゥーが首相の座から退席させられた後、悪化していったとしても、ポンピドゥーがド・ゴールの後継者の座まで追われることは、ド・ゴールがゴーリスムである限り、ありえなかったのである。ポンピドゥーは実際、ド・ゴール辞任後〔に行なわれる大統領選にあたって自党の〕UDR[1]――その前年にUNRを引き継いだゴーリスト政党――の候補者となった。第一回目投票において、ポンピドゥーは団結してない左派と中道勢力を率いていた上院議長ポエールと競い合った。ポエールは第二回投票に進んだが、〔第二回目投票の〕六九年六月十五日にポンピドゥーは大差をつけて勝利を果たした（投票獲得率五七・八パーセント）。この歴然たる勝利は、歴史的な意義を持っていた。なぜなら、ド・ゴールとの関係が悪化していたにもかかわらずそれを隠さなかったゴーリストの候補者がはっきりと勝利したからである。政治的ゴーリスムは名祖の引退に耐えて生き延びたのである。ポンピドゥーの任期のあいだ、中道派政党との連立によってヨーロッパ統合にいっそう好意的になるという対外政策上の修正という対価は払ったものの[2]、ド・ゴールの遺産の根本的なところは維持されていた。

（1）Union des démocrates pour la République――一九六七年にUNRを引き継ぐ形で設立されたド・ゴール派の政党。一九七六年に、シラクの主導権の元にRPRに刷新された〔訳注〕。
（2）ジスカールが引き続き財務大臣としてポンピドゥー内閣に入閣し、ヨーロッパ通貨統合に対して積極的な政策を推進したことを示している〔訳注〕。

このポンピドゥーの時代は、二つの根本的な特性によって特徴づけられるフランス史の一節を構成していた。第一には、その時代の人であれば誰もその停滞を望まなかった経済成長の追求であり――実際七〇年代の初頭の経済成長率の数字は六〇年代の値と比べてまだ上昇傾向にあった――、第二にはフランス社会に対する六八年五月の衝撃だった。同じ国家的な契機の二つの側面について、ポンピドゥーは自分の軌跡を刻印しようとしたが、〔この二つの対応に対して〕それぞれに異なった考えを持っていた。高い成長をコントロールするために、ポンピドゥーはすでに首相時代に行なっていたようにフランスの経済的近代化を加速化し、世界で一級の工業国家の地位を占めることを考えていた。しかし他方で、六八年以後のフランス社会に関しては、ポンピドゥーが分析して実行したことはもっと複雑なものだった。当初ポンピドゥーは首相シャバン＝デルマス[1]の社会政策を支持した。シャバン＝デルマスは、「新しい社会」という野心的な計画を実行に移そうとしていた。このシャバン＝デルマスの計画とは、経済成長の成果をよりよく分配するのと同時に、五月革命に端を発するさまざまな異議申し立てによって変動し揺さぶられているフランス社会を近代化することを目指すものだった。しかし、ポンピドゥーは、議会の多数派の政治的考えに比べればあまりにリベラル過ぎるとして、シャバン＝デルマスの政策に徐々に不信を抱くようになった。七二年七月五日、ポンピドゥーはシャバン＝デルマスを辞任させた。このエピソードは二重に意義深い。第一に、これは第五共和制の頂点に立つ大統領と首相という双頭制を体現する複雑な錬金術を反映したものだった。ある意味、晩期におけるド・ゴールとポンピドゥー間の決裂によって、憲法によって規定されている仕組みのほぼ構造的な脆弱性は明らかになっていた。もちろん、この仕組みは制度的には明確だった。権力は結局のところつねに大統領にあるのである。とはいえ、そこには重要なニュアンスが加わることになる。議会の多数派が大統領陣営にある、という限りにおいてである。では議会の多数派が大統領陣営ではない場合、まだそのような経験を迎えていなかったが、この首相と大統領間の権力構成はいかなる形をとるのだろうかと問われることになるだろう。この問いは、「コアビタシオン」の時代を第五共和制が迎えたとき、現実的なものとなる。

（1）ジャック・シャバン＝デルマス——一九一五〜二〇〇〇年。六九年から七二年まで首相。ゴーリストの中の有力政治家の一人で、ポンピドゥー死去後のド・ゴール派の後継立候補者は彼だったが、大統領選挙でジスカールに敗れた〔訳注〕

3　進む二極化

シャバン゠デルマスの辞任が強いられたことは、第五共和制期における権力構造の問題を提起しただけではなかった。ゴーリスムの人間にとって、首相の罷免はある展開が進んでいることを啓示していた。たとえゴーリスムが六〇年代には左右の亀裂《クリーヴィッジ》を超越する能力を示していたとしても、七二年のこの小さな危機が意味したこととは、六七年の総選挙のために開始し始め、大統領自身の発展によってポンピドゥーの大統領統治が確約することとなる再編を意味していた。すなわち、ゴーリスムはこの時期のことをフランス政治の中の右派政党へ向かっていった時期として記憶されることになった。それはド・ゴール派が左右間の亀裂における一方の側面〔すなわち右派〕を占めていたからではなく、ド・ゴール派はフランス政治における〔左右対立という〕大きな分断線〔ルネ・レモンのいうところの「大分岐」〕を超越したというアピールが単なるまじないの言葉でしかなかったからだった。七〇年代以降の右派の再編は疑いようがなく、左派政党間での共通政府綱領の調印を受けて、七二年以降はとくにその傾向が強まった。それ以降、左右の亀裂を超越する能力をド・ゴール派が再び獲得することが、ゴーリスムが望む願いの一つとなった。

そうは言っても、ポンピドゥーの任期の後半において、左右対立の亀裂が乗り越えられたわけでもなく、首相の交代は右派への接近と解釈された。シャバン゠デルマスが望んだ改革の時代は去り、新しい首相となったピエール・メスメル〔一九一六～二〇〇七年。植民地行政経験が長いゴーリスト政治家、ド・ゴール政権下で長く国防相を務めた〕は、支持者層と議会の多数派に対して、より保守的な政策を行なっていかなければならなかった。そのような政策は見た目上は目的を達成した。七三年の総選挙において、解散前の多数派勢力は左派連合勢力の伸長にもかかわらず過半数の保持に成功した。と同時に、この多数派は、五月革命の動揺によって刺激されたフランス社会を襲った変動ゆえに、幾分不安定なものであった。他方でフランス社会は、新しい形の社会闘争に直面していた。長期ストやLIP社のブザンソン工場における賃労働者の自主管理の追求[1]、またはラルザック基地における反戦デモ[2]などといった社会的闘争は、みな同じ方向性の中から登場したものだった。

(1) ブザンソンに本社のある高級時計メーカーのLIP社の経営が一九六〇年代より悪化したことから、工場労働者が一九七〇年よりストを行ない、フランス全土から多くの支援を得た大規模なデモを行なった。他方で労働者はスト中に経営サイドから独立した自主経営を開始し、一九七四年には独立社会党に連なる新経営者が招聘されたが解決には至らなかった。LIP社ストの問題は最終的に七六年の倒産と再出発までもつれる〔訳注〕。

(2) フランス中南部アヴェイロン県のラルザックにあるフランス軍基地の拡大計画が一九七一年に発表されことに対して、現地農民が反対し、一〇年にわたる闘争の末に基地の拡大計画を放棄させた。反対派農民のリーダーの一人が、後に反グローバリゼーションの闘士として有名になるジョゼ・ボヴェである〔訳注〕。

しかし七〇年代初頭に生じた政治的に重要な点といえば、政党勢力の二極化が進んだことである。とくに七三年三月の総選挙は、多数派勢力の右派と、共通政府綱領のもとで連合を組んだ左派とが真正面からぶつかりあう形となった。この二者の対立によって押しつぶされた格好となった野党陣営の〔非ジスカール派の〕中道派は、実は六九年の大統領選挙からポンピドゥーと連立していたことで弱体化しており、勢力は低下した。次の大統領選挙に向けて、二つの陣営のどちらかに参集する傾向は、ここですでに浮かび上がっていた。ここで見受けられたことは、もっと一般的な射程を持つものだった。すなわち、六二年の憲法改正から一〇年以上が過ぎ、大統領の直接選挙はフランスの政治的な営みの中で構造化された契機となったのである。つまり、大統領選の投票日に備えて各政党間の連立が結ばれ、このために特定勢力への参集が行なわれるのである。

確かにこの一九七三年の時点では、七年間というポンピドゥーの大統領任期はまだ半分も過ぎておらず、次の大統領選はまだしばらく先のことと思われていた。しかしこの時まさに、第五共和制ではその時まで前例のなかった状況に突如陥ったのである。それは、第五共和制の支配者たる大統領が病に倒れたことだった。たしかに、ポンピドゥーが病に侵されたことはこの時公式に発表されなかったが、それはすぐに彼の見た目に現われ始めた。日増しに強くなっていく痛みに耐えながら、ポンピドゥーはみずからの病状を明らかにすることなく、七四年四月二日に逝去する最後の瞬間まで大統領の役職を果たし続けた。六五年以来、大統領の任期は二度にわたって満了しなかった。六九年にはみずからの任期に終止符を打とうとしたド・ゴールが自主的に辞任し、七四年にはその後継者たるポンピドゥーを死が襲ったのである。

II　最初の政権交代の時

1　栄光の三十年の終わり

一九七三年と七四年は、〔これまで述べた重要な契機とは〕また異なる理由から、どちらも第五共和制の歴史にとって最も重要な瞬間だった。ひょっとすると、第五共和制の歴史において構造的な変化が起こったという点で、もっと重要と言えるかもしれない。〔これまでも述べたように〕第五共和制は、例外的な経済成長とフランス社会の史上類を見ない繁栄をもたらした栄光の三十年の只中で誕生した。七三年秋から、そのすべてが突然悪化し、数か月で、終戦以後始まったこの三十年間は終わりを告げたのである。この秋に、最初の「石油ショック」が突如発生し、二か月で一バレルの石油の値段は四倍に跳ね上がった。この突然の価格上昇はその後に起こる経済不況の原因のおそらく一つでしかないとしても、石油ショックは変曲点となったのであり、栄光の三十年は終焉の段階に入ったのである。それに続くのはずっと続く停滞であり、それはフランスが持っている手札を根本から変えてしまうことになる。かくして、フランスの工業生産高は六二年から七四年までの過去一二年で一〇〇パーセントの成長を達成したが、次の十年間では一〇パーセントしか向上しなかった。数か月のあいだに、まさに経済的変革が起こったのである。危機は膨張していったのだ。この危機は、経済活動の停滞によって物価上昇と雇用市場の急速な悪化が加わったために、一層根深いものとなった。七四年以降、インフレ率は一五・二パーセントを記録し、失業者数は二年で四五万人から九〇万人へ倍増した。これ以降の第五共和政政府は、これまでなかった状況に直面することになる。これまでの政府は繁栄する経済状況をコントロールしてきたが、これからはスタグフレーション——停滞とインフレが混在している状況はこう命名された——と高失業率の雇用状況に立ち向かわなければならなくなったのである。長いあいだ成長と完全雇用の時代に慣れきっていた一般民衆ならびに政治家は、このような経済の景気状況が根本的に変化したことをすぐに認識することはなかった。そのような認識がなかったために、一層スタグフレーションと失業を解決しなければならない任務は困難なものとなった。この時代以降、以上述べた理由のために、増大する経済問題に対してだけでなく、それぞればらばらの方向を向くようになった世論に対しても、政府は対処しなければならなくなった。この世論はやがて無党派層になり、しかるべき地位にいる政治家に、この困難な状況の責任を負わせるようになるのである。このような政治家にそもそも人気が出ない状況は、以前よりもずっと激しくなり、第五共和制の政治において構造的な特徴となる。そしてジスカールが、このような状況の変化と向き合う最初の大統領となるのである。

2　ジスカールの時代

こうして、ジスカールの七年間の任期は始まった。ジスカールの勝利は、第五共和制の最初の大きな政治的交代を意味した。確かにこの「交代《アルタルナンス》」という言葉は、左派が勝利した八一年の〔ミッテランが大統領に当選した〕時にとりわけ用いられた。しかしこの一九七四年のジスカール勝利の時に、すでに最初の交代が起こっていたのである。その交替は右派の陣営の内側から起こったものだった。一九五八年以降初めて、ゴーリストではない者がフランスの頂点に立った。右派陣営内の別の派閥にあたる、リベラルでヨーロッパ統合に積極的なヴァレリー・ジスカール・デスタンが権力の座に就いたのだ。〔ただし〕

大統領選において、ジスカールは、第一回目投票において、ゴーリストの候補者となるシャバン＝デルマスに差をつけて第二回目投票に進出したが、決選投票における左派候補者のミッテランに対する勝利は、その票差はわずか四二万五〇〇〇票という、僅差によるものだった(1)。

(1) この時のミッテランの得票数は一二九七万票であるのに対し、ジスカールのはおよそ一三四〇万票だった。登録有権者総数はおよそ三〇六〇万票だったことを考えると、対登録有権者でいえばその票差は一三・八パーセントである。ただし、実際に投票したのはその八六パーセントである〔訳注〕。

この時点ではまだ経済危機による深刻なダメージを負っていないフランスを導くこととなったこの若き大統領は――就任当時ジスカールは四十八歳だった――「変化《チェンジ》」を推進することを望んだ。就任してから数か月のあいだに実現したいくつもの政策は、一〇年ほど前から始まった社会文化的ないくつもの変容を考慮に入れたものに思われた。たとえば、十八歳への成人の引き下げ、避妊に関する思い切った自由化と中絶に関するヴェイユ法の採択などである。この一〇年のあいだに進んだフランス社会の急激かつ根底からの変容を、第五共和制はコントロールできることを改めて示したのである。〔実のところ〕その五年前にすでに、シャバン＝デルマスが提唱した「新しい社会」プロジェが、五月革命によって生じた衝撃波を部分的に和らげていた。新大統領が実現させようとした「変化」とは、変動の強力な力によって根本から影響を受けたナショナルな共同体の願いを公式に認めたものだった。しかし、栄光の三十年の只中で始まったフランスの一大変容をコントロールすることに対して、抵抗や障害が当然に生まれた。たとえば、ジスカールが求めた改革に対しては、議会多数派からの抵抗があり、ヴェイユ法は左派政党の支持を得てようやく採択となった。障害とは、経済危機の急速な悪化によって生まれた。七四年はまさに高度経済成長が終わりを迎えつつあった時期であり、それまでなかった社会経済的な姿が生まれようとしていた。この危機は、経済成長と完全雇用を実現していた社会に突如出現したものだったのである。四十一歳で首相に指名されたジャック・シラクの内閣は、発生したスタグフレーションと急速に進む高失業率に対峙しなければならなくなった。

こう見てみると、ジスカールの大統領統治の七年間は、第五共和制の歴史の中で特別な地位に置かれていたことがわかるだろう。任期当初、ジスカールは「変化」を標榜したが、これは変容を遂げるフランス社会の中で、その立法的・行政的枠組みを発展させるというジスカールの真摯な意思表示だった。そこで、ジスカールはフランス社会に対する一連の根本的な改革をまず行なった。しかし、経済状況の急激な変化に、ジスカールはあっという間に足をとられてしまった。それに加え、彼は政治的にも二つの問題に直面することになった。第一には、経済的苦境が〔共産党と社会党とのあいだの政権奪取に向けた協力である〕左派連合の進展を生み、七六年春の県議会選挙を皮切りに、左派ははっきりと勝利を収めたのである。第二に、ジスカール派のリベラル右派とド・ゴール派とのあいだの関係である。両者は連合政権を構成していたが、ポンピドゥー期と比べて力関係が逆転しており[1]、二者のあいだに対立が再燃したのである。

（1）ポンピドゥー期はド・ゴール派が大統領を輩出し、ジスカールの中道右派よりも力が上だったが、ジスカール期はこの関係が逆転したということ〔訳注〕。

ド・ゴール派のシラクは、この議会多数派内部の緊張ゆえに、七六年八月に首相を辞任する。シラクの辞任は、個人的な性格からくる対抗心ゆえに引き起こされたというよりも、ド・ゴール派とリベラル派〔ジスカール率いる中道右派〕間で繰り返される競合の新しいエピソードかと思われた。確かに、七四年春にシラクは、〔ド・ゴール派政党の〕UDRの候補者であるシャバン゠デルマスの利に反してジスカールを支持した。しかし、その年の秋には、若きシラクはUDRのリーダーとなっていた。ジスカールは大統領当選後の国民議会解散を望んでいなかったので、UDRはジスカール派の議員団よりも強い勢力を国民議会で誇っていた(1)。シラクの罷免を皮切りに、フランスの右派陣営における二つの主要勢力のあいだで競合状態が復活したのである。第五共和制初期の分裂によって弱体化したリベラルが補助的な勢力という立場でいる限り、実のところド・ゴール派とリベラル間の競合というのは仮想的なものでしかなかった。しかし七四年のジスカールの勝利にもかかわらずド・ゴール派政党は議会で第一党の座を保っていたことで、両者の競合はさらに強くなったのである。ジスカールの勝利によって再び活発になった両者間の政治的競争は、〔おおよそ一九六〇年代初頭から八〇年代中ごろまで〕四半世紀ものあいだ、第五共和制における政治のほとんど構造的な与件となったのである。

（1）一九七三年に総選挙が行なわれており、その際UDRが一八〇以上の議席を確保した第一党だったのに対し、ジスカール派は五四議席だった〔訳注〕。

3 「カドリーユ・ビポレール」

この時、政治において進んだ二極化は、〔カドリーユと呼ばれる〕四人の踊り手によるバレエの一種として譬えられ、法学者にして政治学者のモーリス・デュヴェルジェは「カドリーユ・ビポレール〔二極的なカドリーユ〕」という表現を編み出した。大統領選および国民議会総選挙の第二回目投票に向けて〔政党間での〕連立が求められることは、一方では共産党と社会党の、他方ではゴーリストとリベラルという、二組のペアの形成を強制することを意味する。この「カドリーユ・ビポレール」の二組のペアは、だんだんと二項的になる政治状況の中で、もう一方のペアに対する敵対心ゆえに連合を組むのと同時に、それぞれの陣営における競合的な地位ゆえにペア内部では遠心力も働くのである。六〇年代にはじまったこの「カドリーユ・ビポレール」は七〇年代に最盛期を迎えた。一九七四年と八一年の大統領選挙はその形が頂点を迎えたものであり、カドリーユを踊る四つの政党だけで当時の政治空間のほとんどを占め、投票数の九割を獲得するに至ったのである。

一九七〇年代から八〇年代にかけての約二十年間、このカドリーユ・ビポレールは、フランス共産党の八一年以降の急速な衰退と合わせ、第五共和制が機能している証でもあった。大まかに言えば、前述の経済危機が発生したにもかかわらず、七〇年代の中盤の第五共和制の様子は順調そのものに見受けられた。一方で、その制度は主要な政治勢力によって異議申し立てを受けることはもはやなくなり、設立時の有力者が次々と政治の表舞台から去りド・ゴール派が大統領の座を占めなくなっても生き延びたのである。他方で、〔二回投票制という〕投票方式によって、再び左右の亀裂が生まれた。そのような亀裂構造に沿って当時の四つの有力な政治勢力は意見を表明し、過激な政治勢力に政治的空間を明け渡さないことで亀裂には国家の活動を秩序づけるという構造的な効果があると思われた。さらに、この第五共和制には、政府の取り組みを通して、フランス社会の変動をコントロールし、それを支える能力があると考えられたのである。

ここに、まさにこの体制をやがて弱体化させる矛盾が忍び込んでいた。それはすでに遠景に浮かび上がっていたのだが、当時の人びとが体制の機能不全の要因に関する本当の認識を持つことは、しばらくのあいだはなかった。そのような要因は経済危機によって活性化し、その時最盛期を迎えていたと思われた第五共和制の生態系を阻害することとなる。七年の任期が終わる頃には、ジスカールはこの矛盾の中で身動きが取れなくなっていた。七九年に第二次石油ショックが勃発し、七六年に首相に就任したレイモン・バール(1)が三年間にわたって取り組んだ努力は水泡に帰した。少しのあいだ緩やかになっていたインフレ率は再び跳ね上がり、八〇年には一三パーセントを超えた。他方で失業者も増え続け、八一年ごろには一六五万人に及んだ。さらにこの経済的な困難に加え、この時期には政治的な問題もジスカール派とド・ゴール派間の連合内に起こった。それは、連合内での緊張が一層激しさを増したことである。七六年十二月に、シラクは〔UNRを刷新して〕共和国連合（RPR）を設立したのに対して、ジスカール派は七八年二月にフランス民主主義連合（UDF）を結成して再結集を果たした。UDFは翌三月の総選挙で充分な議席を占めた〔RPRの一五四議席に対してUDFは一三七議席を獲得した〕ので、この時のフランスの右派の二項的構造は、ほとんど同程度の勢力を誇る二大政党間の対立をはらんだ同盟となっていたのである。他方で、このような〔同盟関係にある二政党間の〕脆さは、共産党と社会党間においても見受けられた。社共の連合は、この時再発した根深い不和にもかかわらず、選挙結果は上昇を続けていた。しかしこの左派の勢力の伸長は、七八年三月の総選挙の勝利とまでには至らなかった。この時に現われた左派勢力内部の激しい対立は、左派支持の有権者に対して壊滅的な効果をもたらし、多くの困難に直面したにもかかわらず右派は多数派に留まる事ができたのである。

（1）一九二四～二〇〇七年。経済学者出身。六七年から七三年までヨーロッパ共同体委員会の経済財政担当の副委員長を務めた後、ジスカールによって七六年に首相に抜擢された〔訳注〕。

この時以降、大統領選挙こそが本当の決選の日であることがはっきりとわかった。右派は、政権の座にあるときに経済危機を真正面から被ったために、左派よりも弱体化していた。七八年三月の総選挙の結果一応の多数派を確保できたことは、右派の弱体化が小康状態を取り戻したことを意味しているのだろうか。それとも、右派はより一層の政治的空間を再び見出そうとしていた最中だったのだろうか。逆に言えば、この七八年の選挙で勝利を逃した左派は、社共連合内での二重の分裂にもかかわらず伸長を続けるのだろうか。二重の分裂とはすなわち、共産党と社会党間の関係が非常に複雑だっただけでなく、大統領選の日が近づくにつれ、社会党内部でのライバル関係、とりわけ第一書記のミッテランとその明白な競合者であったミシェル・ロカール[1]間の対立が急速に激しくなったことだった。ここにおいて、七〇年代にあっても、第五共和制の変わらぬ特徴が明らかになった。すなわち、主要政党はその内部において、大統領選が引き起こすライバル間の野心を管理しなければならないということである。大統領選挙は、このような領域においても同様に構造化されていたのである。

（1）一九三〇年生まれ。パリ政治学院から国立行政学校に進む。シラクとは同世代である。統一社会党（PSU）で活躍した後に、七四年に社会党に合流。八八年から九二年まで首相を務める〔訳注〕。

Ⅲ　一九八一年――政権に就いた左派

一九八一年の大統領選挙は、第五共和制史上初めての左派の勝利となった。まさにこの左派の勝利においてこそ、「交代《アルタルナンス》」という表現が興奮気味にも生み出されたのである。確かに、この表現自体はすでにみたように、別の意味で七四年のジスカールの当選に対して歴史家が使うことも出来るだろう。しかし八一年の政権交代は、七四年のそれよりも確実にずっと重要なものである。なぜなら、多数派勢力内での権力移行ではなく、政治的多数派の陣営が完全に変わったからである。

1　ミッテランの勝利

ミッテランは政権交代の職人だった。彼はまず、ロカールとライバル関係にあった状況下で党内の支持を苦労して確保し、一九八〇年の暮れには、翌年に予定されていた大統領選挙に向けた社会党の候補者の公認を得た。しかし、ここでミッテランが勝利を確保したと考えるのは歴史的な視点を欠いている。

というのも、この時点で七九年の第二次石油ショックによる危機がまたぞろ復活してきていたし、なにより、八一年の最初の四か月間を通じて、世論調査はミッテランへの支持率が一貫して低迷し続けていたことを明らかにしていたからである。

ミッテランの勝利がやすやすとしたものではなかったとしても、それでも、ミッテランは勝利した。第四共和制下の一九五六年の選挙以来、左派が過半数を制したことはなかったが、今回それが起こったのである。この八一年の勝利を歴史の中にどう位置付けるのか、歴史家に問われるのはその点である。つまり、一九八一年の政権交代を充分理解するためには、決選投票の際にジスカール派に対してゴーリスト派が票を投じなかったという重要であるが偶発的な理由を超越するような、構造的な特質が働いていたのかどうか、という問いである。つまりこの一九八一年の政権交代は、この時期においてもう一度なされた、第五共和制の生態系の強固さを確認したものとして解釈可能なのだろうか？　もしそう考えられるならば、ド・ゴールの辞任、ド・ゴール派の大統領の座からの転落、第五共和制発足以降の左右の政治勢力間のバランスの逆転がもたらした衝撃は、第五共和制の生態系の強固さによって吸収されたのである。

二回の投票日のあいだに行なわれたRPRの幾人かのメンバーによる画策〔ジスカール派への不支持〕がある程度の役割を発揮したにしても、一九七〇年代における左派陣営には、第五共和制の最初の十年間とは対照的なダイナミックさがあった。そのおかげで、七一年以降の左派陣営内のバランスの変化が部分的に生じた。七一年に新生社会党が誕生したが、社会党はまず、議席数で勝るばかりでなくそのような優越が揺らぎようがないと思われたフランス共産党と競い合わなければならなかった。ミッテランがよく用いた戦術の一つとして、社会党の勢力を徐々に強化させながら、共産党との政治的な連携を優先させたことが挙げられる。不和の激しかった左派間の同盟を一〇年続けた結果、社会党は党勢を増して共産党と同程度までになり、この二者間の勢力の均衡は二重の意味で社会党とそのリーダーにとって発展の原動力となった。第一に、この運命的な瞬間において、大統領選挙の第一回投票におけるミッテランの得票数が共産党の候補者のジョルジュ・マルシェ[1]よりも勝ったことである。一三年前の六九年には、共産党の候補者のジャック・ドゥクロ[2]が社会党の候補者のガストン・ドゥフェールを圧倒した。七四年にはミッテランが左派陣営の統一候補者として立候補することを実現したが、それでも社会党と共産党がそれぞれに候補者を立てた場合――実際にそうなったのだが――、社会党が共産党に勝ることは八一年において確実に予見できることではなかったのだった。多くの点で、共産党候補者のマルシェが一五・三四パーセントというがっかりするような結果を残したのは驚きだったが、何といっても、この数字はミッテランから一〇パーセントも引き離されたものだった。他方で、社会党候補が共産党候補を引き離したことで、決選投票以上に決定的だったこの時、二極的な選挙において中道票は右派に流れることから生じる、ある種の心理的な閉塞感が和らぐ効果を生み出した。というのも、社共の関係では共産党の方が優越である以上、左派政治家はだれもが共産党の潜在的な人質ないしは操り人形のようにみなされていたので、社会党への投票は共産党への勝利につながるものと恐れられていた。しかし八一年、ミッテランの第一回目投票の結果を受けてこの種の仮定は事実上なくなり、中道派の票が一定数左派に流れたことは、この選挙の帰結に決定的な役目を果たしたのである。八一年の大統領選挙は、七四年ほどの僅差ではなかったが、それでも勝者のミッテランが獲得した率は五一・七五パーセントでしかない、第五共和制史上で最も近接した選挙の一つであった。

（1）一九二〇～九七年。一九七二年から九四年までフランス共産党書記長を長く務め、社共の共闘、モスクワからの指導の離脱、ユーロコミュニズムの標榜などフランス共産党の改革と衰退をともにした〔訳注〕。

（2）一八九六～一九七五年。一九二〇年のフランス共産党の設立時からの党員であり、第二次大戦中にはレジスタンスを率い、一九四〇年代から七〇年代までの三〇年以上フランス共産党指導部の中心にいた〔訳注〕。

しかし、ミッテランの戦術的センスと左派陣営内の力関係の展開は、八一年における社会党の勝利を部分的にしか説明しない。なによりも構造的な諸側面がこの勝利をもたらした要因であるのだが、それと同時に、ミッテランの勝利は、第五共和制を支える社会において当時進んでいた変化を反映していた。当時多くの論者が強調していたように、社会党の勝利はなによりもそれまでに進んでいた社会的な変動の所産だった。つまり、職業人口における給与生活者《サラリーマン》の増加、継続して進む都市化、そしてまったく別の領域のことだったが、信仰の実践の後退といった変動である。長いあいだ農村世界と小商人が多数派だったフランスから、雇用者のフランス、都市のフランスへと変化したのである。別の言い方をすれば、サラリーマンと都市化は左派のフランスを生み出したのであり、ミッテランの成功は「栄光の三十年」の子供といえるだろうか……。そして信仰実践の低下によって、西欧全体における社会党の目覚ましい進出が可能になったのだ。

2　成長という親を失ったみなしごのフランス

もしこのような当時なされた説明が的を外していないのであれば、それは、その説明が否定できない現実、すなわち、経済危機に襲われたにもかかわらず七〇年代後半のフランスの一大変化が継続して進んだことに基づいていたからである。しかし、そのようなフランスの状況の政治的悪影響は複雑なものであり、その分析によって、われわれは一九八一年、つまり誕生から四半世紀が過ぎた第五共和制の状態について間接的ながらも知ることができる。当時、政治権力はフランス社会のさまざまな骨折《フラクチュール》＝分断〔原語のfracture は骨折を意味するが、意味内容としては分断のほうが分かりやすい。この点については九八頁参照〕に直面していた。経済は二度の石油ショックに揺さぶられ、政治は右派の二つの主要なグループが激しく競合しており、社会は都市化が進みサラリーマン層が拡大していた。とはいえ、このうち石油ショック以外の二つの特徴は、六〇年代のゴーリストのフランスの外観をすでに形作っていた。これに加え、野に下った右派陣営が〔八一年の大統領選から〕二年後の八三年の市町村議会選挙《ミュニシパル》で色良い結果を得たことで、左派への投票を説明する都市化仮説は強く相対化された。加えて、高度経済成長によって政治的な影響が及んだ所とは、八一年になるまで起こらなかった左右陣営間の力関係の逆転よりも、日常生活における権威とヒエラルキーの関係が変化したところにあったのは明らかだった。つまるところ、この時期において最も重要な点に立ち返らなければならない。決定的な説明要因とは、社会経済的な土台が破損してしまったことにあった。そのような土台の上に第五共和制が打ち立てられ、〔かつての〕政治指導者は繁栄を謳歌していた。社会に広く享受されていた繁栄を管理していた右派の政治家たちが、分裂している左派の野党陣営に怯えるなど、七四年まではありえなかった。しかしこの時期以降の左派勢力間の歩み寄りによって――たとえ内実は争いが絶えないものであっても――、政権交代が起こりそうなものに急速になっていったことで、いっそう七〇年代後半は時代の根本的な画期を成すようになったのである。フランスはこの時、それ以前の三十年間の急速な成長という親を失ったみなしごになったのであり、経済危機は然るべき地位にあった指導層を摩耗させただけだった。(1)

(1) なぜ八一年にミッテランが勝利したのかを説明するこの段落において著者は、右派が打ち立て、右派にとって有利だったはずの第五共和制が左派に乗っ取られたのは、結局右派にとって有利と思われた構造=経済成長が崩れていることに右派が気づかず、その空白を左派が苦しい連携を維持しながら突破した、と説明する。だから、左派が政権をとったことは、逆に言えば経済成長が止まってしまった状況が出現したことを意味し、それゆえ、フランスは成長の孤児と、著者は譬えるのである〔訳注〕。

しかし、八一年の政権交代の要因を経済危機だけに負わせるのは、誤った歴史的な視点を持つことになるだろう。大まかに言えば、経済の形態変化によって、第五共和制の生態系が徐々に変調をきたしていたことこそに、八一年の交代の要因はあるのだ。七〇年代とは、まさしく、第五共和制の歴史にとって決定的な時期だったのである。第五共和制は、この時、ある種の均衡点に達した――五月革命の危機という負荷試験に合格した第五共和制の諸制度は、それに続く政府指導層に、この危機が発した衝撃波だけでなく六〇年代から始まっていた大変化をコントロールするに充分な安定性を与えたのである。これに加え、第五共和制と自分自身を同一視していた創設者ド・ゴールが去った後も生き残る能力を示した後、第五共和制は二極化を軸として政治活動を構造化させ、同時に七四年と八一年という二つの政権交代〔前者は右派陣営内部での、後者は左派と右派間での〕を実現させる能力があることも示したのである。

しかし、この均衡点は、均衡の契機でしかなかった。七三年から七四年のあいだに、経済的な意味でのもう一つの交代＝変化《アルタルナンス》が起こった。第五共和制をはぐくみ、やがては第五共和制がその管理者となった「栄光の三十年」が突然終焉してしまったのである。そして危機がさまざまな形をとって現われ始めた。危機の影響のすべてを、すぐに感じることはできなかった。その影響のうちのいくつかは、たまたま八一年の政治的変化をもたらしたが、それはむしろ体制の強固さとその適応能力を確認するものとして受け止められた。しかし、その深層的で持続的な影響はすぐに、第五共和制の機能不全の芽を育み始めることになるのである。

第三章　一九八〇年代――不調の始まり

八一年五月十日の左派の勝利は、次の月に一層確固たるものになった。ミッテランは国民議会の解散に踏み切り、議会の総選挙が行なわれ、社会党の勝利を追認し、さらに拡大させた。第五共和制は、この時、本当の安定に至ったように思われた。その制度は多数派の変化と政策を円滑にコントロールすることが可能であるように思われたのだ。この時、均衡期が続くものだとすべてが確認されたように思われた。実際は、そんなことなどなかった。八〇年代以降、不調の要因が活動を始めるのである。

I　栄光の三十年は二度死ぬ

八〇年代の初頭においては、制度的な均衡はしばらくのあいだは保たれているように思われた。八一年六月二十一日の総選挙の結果、社会党は二八八議席を占めるに至った。(1)一九六八年のUDRと同じく、社会党は一党単独での過半数を占めたのだ。首相となったピエール・モロワの政治的駆け引きの余地は、共産党の後退が確認されたという点からも、また社会党が勝者となっただけでなく左派陣営内で支配的な地位を占めるようになったという点からも、いっそう重要なものとなった。モロワは古典的な形容詞にもなった「順風満帆」な状況によって、実際に強い立場を得た。そのような状況の中でミッテラン政権は当選後に駆け引きの余地を存分に使うことができたのである。

（1）一九二八〜二〇一三年。工場での運動家から党内の重鎮にまで上り詰めた叩き上げの社会党の政治家。八一年から八四年まで首相を務める〔訳注〕。

1 「変化の土台」

議会における強固な支持と政治的な充分な余裕をうけて、モロワはすぐに「変化の土台」を実行に移した。すなわち、週労働時間の三十九時間への縮減、六十歳定年制、有給休暇の五週間の一般化、労働規制に関するオルー法〔企業内で労働条件に関する労使間交渉を義務付ける法案〕の採択、死刑の廃止などである。少し経てば、これに地方分権化法案と民間ラジオ局の認可、オーディオヴィジュアル高等機関〔一九八二年設立、民間局への電波の割り当て等を行なう〕の創設などが加わる。この「変化の土台」は経済分野にもおよび、公共機関の拡充がなされた。その結果、五つの工業企業、二つの金融機関、三六の銀行が国有化された。

この実行された「変化」の帰結は際立っていた。確かに、企図された改革のいくつかは間違いなく社会的前進となって現出したが、モロワ内閣は同時に雇用に向けた戦いを宣言した。それは活発な経済活動の復活を期待したものであり、そのような復活によって世帯消費が再び活性化することが望まれ、最低賃金、高齢者最低生活保障手当、家族手当、住宅手当の増額といった施策は、そのために実施された。ところが、この領域では、とられた政策は失敗だったことがすぐに判明した。失業者数は伸び続け、貿易収支の赤字は悪化した。大統領選と総選挙の二重の勝利を収めてからわずか一年後の八二年六月には、政策の方針転換が、「緊縮」計画のアナウンスとともに実行された。その意味を過小評価する目的で打たれたさまざまなプロパガンダを超えて、この計画は、幾度にもわたる平価切下げの後の一時的に思われた問題によって強いられた単なる調整措置ではなかった。第五共和制の歴史において、これもまた重要な転換点だった。権力の座に就いた左派は、その前年よりもいっそう、政治を超えた現実をコントロールするような立場に――「生活を変えよう[1]」――身を置いた。第五共和制発足以降の左派は、野党の立場として反対案を提示する勢力だったが、政権獲得以降は、みずからが現在に責任を負っていることを望んだのである。

（1）「生活を変えよう」とは一九七二年に採択された社会党綱領で古典的な社会主義政策の主張に近かった。ミッテランは一九八一年の大統領選挙で同じくこの「生活を変えよう」を選挙スローガンにした〔訳注〕。

このような現実という名の原則に対峙を望む意思は、ミッテランが欧州通貨同盟（EMS）からフランを離脱することを試みようとして最終的にそれを放棄した八三年〔三月〕にはいっそう明確になるが、一九八二年に発表された「緊縮」は、まぎれもなく転換点であった[1]。すなわち、この時から左派は、ありのままの経済世界、言い方を変えれば市場経済を受け入れたのである。一種のバード・ゴーデルスベルグのようなものが、じわじわと、一〇年かけて進んでいた。バード・ゴーデルスベルグとは、一九五九年にドイツの社会民主党（SPD）の有名な大会が開かれた場所の名であり、マルクス的信条を放棄して、市場経済によって支配される世界に参入することの象徴だった。フランス社会党もまた、何年かののち、似たような変化へと至ったのである。とはいえ、SPDとフランス社会党とでは、二つの重要な違いがある。まずフランスで起こった時期が一〇年単位で異なっていることである。それに加えて、その変化は、緊縮政策が発表されたので変化の日付がはっきりしているにもかかわらず、八〇年代を通じた段階的に進んだことである。フランス社会党は、SPDが変革のプログラムをバード・ゴーデルスベルグ憲章と名付けたように、変革のプログラムを命名することはなかった。社会党の変化は確かだったが、フランス社会党がこれ以降責任を負う「統治文化」にもかかわらず、フランスの社会主義は、この時点を皮切りに自由主義経済との複雑な関係を維持したのである。

（1）国有化を主眼とする社会主義路線の続行は財政収支の赤字とフラン安を呼び込むため、その続行は、通貨統合を実現するために通貨変動幅を一定の枠内にとどめることを定めたEMSの規定を遵守できないことが八二年頃から明らかになった。つまり、ミッテラン政権は社会主義路線の続行することでEMSから離脱するか、EMSの規定を遵守するために社会主義路線を放棄する（そして緊縮財政を実施する）かの二者択一に迫られた。最終的に八三年三月のヨーロッパ共同体の会議を前にして、ミッテランはEMSを選択した。通常、経済政策の転換の分岐点および緊縮財政への転換点は、この八三年三月として語られることが多い。吉田徹『ミッテラン社会党の転換』を参照のこと〔訳注〕。

2 政治という名の魔法の消滅

そうはいっても、たとえ市場経済に対する左派の賛同《ラリマン》〔ラリマンの意味については一四二頁の訳注参照〕が複雑でありあいまいでもあったとしても、これは第五共和制における政治文化の歴史において非常に重要な瞬間に思われた。〔なぜなら〕左右の亀裂は、その時点まではイデオロギーを識別するためのものだったにもかかわらず、もはや市場経済の問題に関して意味をなさなくなったからである。おまけに、このような賛同と「緊縮」が必要だという表明は、また別の重要な帰結を引き起こすこととなった。すなわち、左派が表明していた社会的かつ主意主義的な力——それをしたいという意思を持つことによって現実は変えることができる——が現実という名の原理に屈したことで、政治的かつ心理的な転換が起こったのである。危機はそこにあり、フランスにおける左右どの政党も、その危機の存在を否定することも、その危機の重要性を過小評価することも、もはやできなくなった。第一次石油危機から九年、一枚の頁がめくられ、一九八二年にフランスの栄光の三十年は二度目の死を迎えた。つまり、息の根を完全に止められたのである。

この転換は、第五共和制の歴史において非常に重要である。どのような政権であれ、これ以降は夢を語ることはできなくなり、フランスにおいて政治活動とは、これまで以上に、可能性と可能性の衝突となったのだ。現実という名の原理に捕まった政治はこの時魔術性を失い、政権に就いた集団は次から次へと、その帰結を被ることになった。一九七〇年代までは、経済的な安定性によって、政権を全うしたものには名声が与えられたが、これからは政権の座にいたということで、統治者はむしろ脆弱なものになるのである。左派はそれまで「生活を変える」という意思を体現していただけに、八一年のミッテランの当選はその典型例をすでに描いていたのである。一九八六年、八八年、九三年と、政権交代は規則のように起こり、この時の左派が被ったことを今度は右派が被ることになる。そこでは、安定が規範であったこれまでの時代とは、際立った対照をなしていた。八〇年代の中のわずか数年間で、第五共和制は、少なくとも見た目は安定していた状態から明らかな不調の状態へと移行していた。均衡した瞬間は確かにあったが、フランス史においては実に短い期間でしかなかった。それは、一九六〇年代の最初の急速な定着から八〇年代に影響が及ぶ不調のプロセスに至る、二十年からせいぜい二十五年間しか続かなかったのである。

Ⅱ　国民戦線の躍進

一九八〇年代中盤に、第五共和制が不調に至った影響の一つが明らかになる。第五共和制は創設以降、極左、極右といった極端な政治的勢力からは保護されていると思われていたが、この時、国民戦線（FN）が荒々しく登場したのである。確かに、FNの活動が激しさを増したとき、この現象が活発さを保ったまま持続的なものとして根を下ろすと判断できる材料はなにもなかった。しかし、その展開の広がりに対して、当時すでに〔第五共和制の〕不調が進んでいる兆候の一つとして分析されていたのである。さらに、

FNのその後の党勢の維持と強化は、また別の新しさを意味していた。二十世紀を通じてその時点まで、極右の勢力の伸長は一時的なものだった。しかし、FNはその後も存続し続けたのだ。

1　断続的な変化

これまでの極右勢力の爆発的な広がりは、実は必ずその後の長期にわたる退潮を伴っていた。それは、短いあいだ花開いた後は長いあいだ消える、断続的に生じる変化だった。しかし、復活するときはいつも、フランスの民主主義にとって深刻な危機となって暴れまわるのである。極右の発生理由はそれぞれ異なっているが、復活を始動させる以下の三つの要素が混ぜ合わさっている。急激に進む社会変容、政治的代表制の機能不全、ナショナルな共同体のアイデンティティ危機、である。これは十九世紀末の最後の十年間とくにそうだった。設立から二〇年が過ぎ、すでに非常に強固に社会に根付いていた第三共和制は、その時三重の危機に直面していた。〔普仏戦争によって〕アルザス・ロレーヌ地方を喪失したことをいつまでも悔しがるナショナリストからの圧力、まったく正反対のことを望む中間層と労働者階層の生成に伴う急速な社会変化、共和派の政治家に対する反議会主義である。

実はこの第三共和制の時代において、すでに極右の構造的な一種の種子が作られていた。それはやがてさまざまな形となって、異なる成分を有しながら、燃え上がる様子も異なりながら復活することとなる。その種子とは、変動もしくは危機の局面に持ち上がる社会不安、国家的な衰退に対する恐怖、民主主義的な政治的代表制に対する不信である。極右はこうして幾度も復活を果たす。カメレオンのように、その時代に関連する特有の色彩を帯びながら、毎回反抗を呼びかける大いなる病を反映する。二十世紀に入れば、ナショナリストでポピュリスト的な極右をはぐくむ三位一体の要素が存在していた――社会的変動、代表制の不全、ナショナル・アイデンティティの危機である。しかし、この三位一体がクロノロジカルには不規則にしか現われなかったことにより、その後一世紀近くにわたって、極右勢力の潮流は断続的にしか存在しなかった。

　極右は二十世紀を通じて何度か眠りから目を覚ました。一九八〇年代以前、極右勢力は三回湧出した。第一に、反議会主義的な極右団体《リーグ》の増加に伴う一九三〇年代におけるフランスの危機の時、第二に、一九四〇年における軍事的政治的突発事件〔第二次大戦におけるナチス・ドイツの侵攻に対するフランスの敗戦〕の後のヴィシー政権を構成する要素をいくつか伴っていたもの、そして第三に無力な第四共和制期に起こったプジャーディズム[1]である。しかし、この三回のケースにおいても、〔ある時突然に発生しその後ピタッと止まる〕断絶性はいつもの如くであり、運動の激しさのピークはどの場合でも相対的には短く、長くてもおよそ数年しか続かなかった。極右勢力が活動を活発に保ったまま持続的に定着することは、したがって間違いなく新しい出来事だったのである。このような活動は、第五共和制の到来によって極右は政治的に干上がる時代が来たと思われただけに、いっそう衝撃的だった。一方で、弱体化していた第四共和制が第五共和制に場所を譲ったのも、新体制が新しい制度的基盤によっていっそう強固になり、潜在的な極右勢力を第五共和制の思想や機能に強く組み込むことで、プジャード運動のような政治的代表制の危機を未然に防いだからである。他方で、ド・ゴールが実現した脱植民地化の方式〔アルジェリア独立の筋道のつけ方」やそれに伴う「言葉の教育法」〔ゴーリストの語り口〕は、少なくとも部分的には、プジャード運動が表明していた国民的アイデンティティの喪失の恐怖を和らげるものだった。それは、ド・ゴールの外交政策が、帝国の喪失を政治的にも心理的にも埋め合わせるべくなされたということを考えれば、一層そうなのである。それに、第四共和制が進行する大きな変化と結びついた社会不安──プジャーディズムはその社会不安の反映だった──によって弱体化していたとしても、第四共和制期においてもたらされていた経済成長によってその影響は相殺されたばかりか、先に見たように、やがて国民的なある種の幸福感を人びとは感じるようになる。そのような経済成長によって、日常生活における生活水準は目に見えて全体的に向上し、それがフランス社会におけるさまざまな緊張を和らげたのである。

（1）一九五三年にフランス西南部に住む一商店主のピエール・プジャードによって始まった反議会的な極右運動。中小商工業者の不満を背景に爆発的に支持を伸ばした。アルジェリア独立に反対し、「前職議員は議会から出て行け〔ソルテ・レ・ソルタン〕」をスローガンとして五六年の総選挙では有効投票数の一二パーセントを超す支持を得て五二議席を獲得したが、五八年には運動は終息した。国民戦線創設者のルペンはプジャード運動に参加し、この五二名の中に含まれる〔訳注〕。

いったん極右運動の出現と結びついた社会不安の局面が去ってしまえば、栄光の三十年は極右勢力にとって力を発揮できない時代となった。確かに、一九六五年の大統領選挙において、極右勢力の候補者だったティキシエ＝ヴィニャンクール〔一九〇七〜八九年。極右政治家、この六五年の大統領選挙での選挙活動の責任者を務めたのがルペンだった〕は五パーセントの得票率を占めた。しかしこれはアルジェリア戦争の一つの影響であり、彼に票を投じた者の大多数はアルジェリアからの帰還者たちだったのである。それに、九年後、一九七四年の大統領選挙でジャン＝マリー・ルペン〔一九二八年生まれ。七二年に国民戦線を設立、後継を娘マリーヌに譲った二〇〇二年まで同党党首を務めた〕が得た票率は〇・七四パーセントに過ぎず、これは極右運動の退潮の傍証であり確認でもあるものだった。というのも、これは極右運動が渇水期に戻ったことを表わしているだけでなく、そのような票数が示しているのは、栄光の三十年における社会経済的影響によって、かつて百年間のあいだフランス国民間での言い争いの中で何度も復活した極右運動は干上がったことだったからである。第五共和制は、こうして、新しい増水の宿木にはなりえるものの、その潜在的な資源は枯渇してしまったように思われたのである。

2 三重の危機

しかし、栄光の三十年は七〇年代の中盤で終わりを迎え、先に見たように、八二年にその息の根を完全に止められた。第五共和制はさまざまな、しかし基本的には社会・アイデンティティ・政治の三つの危機によってもたらされる機能の不調に見舞われた。そして八〇年代中盤における国民戦線の突然の飛躍は、これら三つの危機の影響が歴史的な濃密さを増す中で〔起こった〕、第五共和制の不調の予兆であるのと同時にその帰結としても捉えられた。この点で相関関係が最も明白だったのが社会的危機に関してである。確かに、社会的危機はその時から一〇年前の七三年の第一次石油ショックを受けて始まったが、当時はまだ潜伏期間であり、危機が進行し続けるその広がりと持続的な性格を、人びとは徐々にしか認識できなかった。七四年以降失業者数が急増し始め、わずか二年で二倍に増えたことは、三〇年にわたって経済成長が一貫して続いていた——しかしそこで終わりを告げるのだが——だけに、また生活水準の向上がフランス社会の進む先につねにあっただけに、いっそう単なる突発的なショックとしてしか受け止められなかった。その傾向がずっと続くと考えなければならなかったのに。

この潜伏効果〔実はじわじわと効いていたこと〕によって社会的危機のさまざまな政治の没落が部分的に説明できたとしても、その時期までの第五共和制の機能は同じ方向に向かう要因を構成した。経済危機の社会的影響が広がって目に見え始めた一九七〇年代の終盤に政権は脆弱化したが、左派の勢力増大に伴う政治の二極化によって、代わりになる政権がほとんど機械的に提供された。正確に言えば、この左派が八一年に政権交代を実現しただけでなくその左派の政策が危機を前にしてすぐに限界を露呈した時になって初めて、経済的停滞が長引き悪化するにつれて増大していった社会不安が、国民戦線の勢力伸長にとって好都合な条件になったのである。右派と左派がそれぞれ追求した二つの政策がいずれも失敗に終わったことで混乱が生じ、大衆的な有権者が左派に抱いた希望が裏切られたことによって人びとはガッカリしてしまったが、そのようなことが、失業者が増え続けていた社会をなおいっそう不安定にしたのである。

しかし、一九七〇年代の終わりにはすでに高かった失業率とその後に起こった極右勢力の興隆のあいだには相関関係がなかったことは、社会的危機が極右の勃興を引き起こした唯一の要因ではないことを示している。フランスが抱えていた危機はもっと広範囲なもので、〔社会的危機だけでなく〕アイデンティティ・クライシスと政治的代表制の危機も含めた三位一体的な危機の様相を呈していたのである。この時期強かったのはアイデンティティ・クライシスである。というのも、それは二つの性質を帯びていたからである。この危機は第一に、失業によって脆弱化した社会の一部分が移民を拒否したことから起こった。第二に、それと同時に、この危機はそれまでのフランス史では未経験の、ヨーロッパ統合と社会経済的なグローバリゼーションの開始とのあいだで引き起こされる作用に悩まされていた。フランスの国民国家についての取り留めもない不安のようなものが進行していたのである。

国民戦線を育んだ土壌はこのように、栄光の三十年の終焉を受けて始まった社会の分断化と高まるナショナルなアイデンティティ・クライシスの双方から成り立っており、この二つの現象はお互いにお互いの食糧を自動で供給し合う関係にあった。なぜなら、第二の現象であるアイデンティティ・クライシスにおける移民に対する拒絶と嫌悪は、第一の現象である膨らむ一方の社会的不満によって育まれたからである。この二つの危機は第三の、きわめて政治的な危機を伴った。国民的な不安感と社会的な不満が大きくなることで、政権を担っている政党に対する不信感が増大していったのである。経済的社会的状況の悪化の進展を食い止めることに、右派も左派もその能力がないことがわかったことで、世論は政治層に対して関心を失い、やがて憎悪を抱いたのである。三重の争いがこの点を受けて始まった。社会放棄の感覚、ナショナルな衰退の認識、政治的代表制の赤字の印象である。政治上の既成勢力とは無縁ということをアピールしたジャン゠マリー・ルペンの政党〔国民戦線〕こそが、この争いからうまく票となる支持を吸い上げた。抗議者としての態度を保ちながら、国民戦線は政治の社会化によって増す政治的代表制機能の赤字の恩恵を受けた。ルペンが率いるこの政党は、八四年六月のヨーロッパ議会選挙から八六年三月の総選挙にかけて急速に固定的支持層を確保し、持続的な定着要因を見出したのだった。

Ⅲ 「コアビタシオン」の時代

この八六年総選挙において国民戦線はこのように躍進したが、それは同時に投票方法の変更を理由とするものでもあった。社会党は、八一年以来の最初の重要な投票において敗北した悪影響を少しでも抑えたいがために、八六年春の国民議会総選挙の改選時において、選挙実施の数か月前に比例制投票様式を導入したのである。この変更によって、国民戦線は九・八パーセントの得票率を上げ、三五議席を獲得することができたのである。しかし、この極右勢力の躍進はあったが、勝利したのは右派だった。UDFとRPRは、五七七議席中二九一議席と、僅差だが絶対多数を確保したのである。第五共和制発足以来初めて、自陣政治勢力が多数派ではない国民議会を、この時大統領は相手にすることになったのだ。

1 右への変動

こうして制度的に前例のない、やがて「コアビタシオン」と名付けられた、左派の大統領と右派の政府が共存する時代が幕を開けた。選挙の翌々日、ミッテランは新しく多数派となった右派の勝利を認め、シラクを首相に任命した。この任命が持つ性格の前代未聞さは、シラクが〔ジスカール期の時に首相に就任したので」同じポストに返り咲いたことから来ているのではない。確かに、シラクは一九七四年から七六年までのあいだ首相の座にあった。しかし今回の返り咲きはリベラル民主主義においてはまったく普通の手続きの結果だった。「コアビタシオン」における新しさとはどこにあるのか。単に大統領と首相とのあいだの関係が政治的な信条が異なっているだけならば、一九七四年にすでに同じくシラクとジスカールとのあいだでもあった。しかし、ここでデファクトに確立されたのは、大統領と首相間の敵対的な関係なのであった。設立されてからまだ三〇年も過ぎておらず、一九六二年に決定的な輪郭を描き出してからせいぜい四半世紀しかたっていない時期に、第五共和制の制度は根本的な転換点を迎えたのである。

一九八六年三月二十二日、シラク内閣の最初の閣議が開催された。議長を務めたのはミッテランだった。会議中の凍てついた空気がこのエピソードの前代未聞さを強調しており、お互いが睨み合う印象が、次の大統領選が実施される八八年春までの二年間——ほとんどの場合表に出ないようにしていたが——政権を支配した。リベラルな経済政策を実行に移したいシラクと社会主義者のミッテランとのあいだでの政策的信条の相違は、非常に明白だった。対立が激化したのは、一連の民間化政策を実行しようとしてからである。これは八一年以降に実施された国有化政策に関するだけでなく、〔一九四四年の〕ド・ゴールによる国土解放の後に実行された国有化企業に対しても適用されるものだった。〔首相と大統領の共同署名によって効力を有する〕政令（オルドナンス）によって当初想定された手続きは、ミッテランから副署を拒否され、議会による議決によってこの民間化政策は実施されることになったのである。

この民間化政策が当時の中心的なド・ゴール派指導者のシラクによって実行されたという事実は、政治的傾向の変化と、より一般的に、一九八〇年代のフランスの深層部で進んでいた心性《メンタリテイ》の変化を表わしていたという点で意義深かった。五八年以降、それまでにない根本的な変容と史上最速の速さで豊かさを享受し始めたフランスを率いることとなったゴーリスムは、さまざまな点で、この繁栄の執行者と同時に近代化の守護者になったのである。すなわち、制度を刷新し、国家に重要な役目を与える経済的コルベール主義の一種によって成長を加速化させることが、ゴーリスムの立場になったのだ。しかし、七〇年代中盤からの経済的景気変動と野党の左派陣営における選挙の躍進によって、この主意主義は徐々にあいまいになっていった。左派政党が野党時代および政権を握ってからの最初の時期に国家の介入が最も大事であると提案していたのに対して、自由主義経済の支持者は、危機を解決する手段としてリベラル経済政策を提示したのである。

それに加えて、これと同じ時期に、イギリスとアメリカにおいて、経済的自由主義政策が政権によって取り上げられ、そして明らかな成功を収めたことにより、フランスにおけるマルキシズムのイデオロギー的後退は加速化しただけでなく、八〇年代を通じ、フランスにおける政治の営みが右方向に全般的にじりじりと動いていった。その一つの予兆が、すでに強調したように、社会党による市場経済への転向である。もう一つのサインはまさに、〔コアビタシオン期にあたる〕二度目のシラク内閣においてゴーリスト運動が経済的自由主義に賛同したことだった。一〇年のうちに、ゴーリスムは二重の変容をこうして果たしたのである。七六年に設立されたＲＰＲを通じて、シラクは新しいゴーリスムの形態を体現することとなった。このネオ・ゴーリスムは基本的に一九四〇年のオリジナルなゴーリスムや五八年のそれとは〔思想的に〕直接的な関係を持っていなかった。RPRは政権に復帰してリベラリズム〔経済的自由主義〕を受け入れるや、その政治的なアイデンティティの不可分な一部だったはずの、ナショナリズムとならぶ国家介入主義の要素を放棄してしまったのである。

2　左右間の亀裂の存続か消滅か？

左派にとっても同様に、八〇年代の後半は、それを変貌《メタモルフォーゼ》と呼べるくらい進展が充分に濃密に進んだ時代だった。一方で、共産党の党勢は引き続き急速に落ちていった。かつての二〇パーセントを超えた支持率は八一年には一五パーセントに落ち、八四年の欧州議会選挙においては、さらにいっそう失速した。共産党の得票率は、一割という主要政党か否かの目安となる数字に非常に近い一一・二パーセントに過ぎず、その後ろには国民戦線がぴたりとつけていた（国民投票の得票率は一〇・九五パーセント）。左派にとって、すべてがかつてのようなものではなくなってしまった。かつて「カドリーユ・ビポレール」を踊っていた共産党という名の踊り子は、支配的な立場にのし上がった社会党から引き離されてしまった。この左派の変化は左派陣営内部の力関係にとどまるものではなかった。他方で社会党は、先に見たように、バード・ゴーデルスベルグ大会のようなものをゆっくりと経験し、マルクス主義に対する信奉を黙示的に放棄したのである。

その時進んでいたイデオロギー的変容から、観察者の中には、ある種のフランス的例外が終わりを迎えたと結論付けた者もいた。その時までされわめて構造化されていた左右間の亀裂が、この時乗り越えられようとしていると思われたのだ。しかしよく見れば、そのような進展はそれほど明確ではなかった。確かに、特定の政治勢力の中で進みつつあったイデオロギー的変容によって、左右間の断絶の深みは部分的に埋められ、八〇年代においてフランスは、国内での大論争のいくつかに終止符を打つことになった。たとえば、これまで幾度となく繰り返され長いあいだ政治的に左右を区別する問題だった私立学校に関する争いは、一九八四年にはほぼ収まってしまった[1]。またフランス革命の解釈と射程は、長いあいだ議論と対立の源泉だったが、フランス革命二〇〇周年行事が華々しく祝われたことは、八〇年代末にはその問題が平穏化したことを反映していた。〔左右を隔てる〕亀裂のいくつかの主要なラインを消し去ったフランスは、ある意味で、西洋におけるリベラルデモクラシーの一等国の地位に返り咲いたように思われた。政治ゲームはそれでも二極的なものだったが、その二極を分ける分断はかつてほど深刻ではなくなった。さらにミッテランは、大統領再選のために立候補した八八年には、左派が市場経済と和解したことから、「一体となったフランス」をスローガンとして選挙戦を戦った。ミッテランが最初の大統領選挙で当選したのは左右の二極化が頂点に達していた状況で、そのため非常に僅差の勝利となったが、再選時の八八年の大統領選挙においては第一回・第二回投票ともに申し分ない得票率をミッテランは得た。このことは、八一年の時と同じような構造的なパワーを二極化がもはや持っていなかったので、戦術的なものとはいえ、「一体となったフランス」というスローガンが大きな影響を有権者に及ぼしたことを示しているのである。

(1) 一九八四年にミッテラン政権は私立学校法の改正（いわゆるサヴァリ法）を試み、公立学校と私立学校の一元化を目指して国庫補助を受ける私立学校への公権力統制強化に乗り出したが、一〇〇万人規模の反対デモにあって撤回した〔訳注〕。

しかし、この大統領選での反響は、ひょっとすると変動が進行中なのかもと思ったミッテランの直観が当たったことを示しているのだろうか。それとも、もっと味気のないもので、重要な政治的決選から数年が過ぎただけでは、まだ有権者がミッテランに飽き飽きしていなかっただけのことだったのだろうか。よくよく見れば、この時代に繰り返して言われた左右間の亀裂の消滅は、実際には現実の一部にしか対応していなかった。消滅に至る道はまだ遠く、左右間の亀裂は、異なった政治文化の重要な与件であるのと同時に、有権者の大部分の市民的アイデンティティの背骨のような存在でもあり続けていたのである。と同時に、市場経済に関する明示的な議論がなされなくなったことで、市場経済は、政治的な左右を判別し、「最も激しい分断《スンマ・ディヴィジオ》」の厳しさを保つ新しい争点として再構成された。それに加え、八八年の大統領選挙の決選投票でミッテランとシラクというコアビタシオンの二人の主役が争ったことは、フランスが〔相変わらず左派と右派という二つの極に分断されているという〕二極的な存在であり、フランスは「一体となった」訳ではないことを表わしていた。そして、それに続く一九九〇年代の重要な選挙はすべて、この根強い分断が作用している文脈の中で行なわれることになるのである。一九九三年における総選挙の社会党の歴史的敗北、その直後の右派の政権復帰とそれに伴う新しい「コアビタシオン」の登場、九五年の大統領選におけるシラクとジョスパン[1]との決闘、第三のコアビタシオンを招きよせたジョスパンの九七年での総選挙での勝利。これらの選挙はすべて二極化な構造の中で行なわれたのである。

(1) リオネル・ジョスパン――一九三七年生まれ。第三次コアビタシオンの主役となる社会党政治家、経済学者。首相時代は手堅い政策運営で国民的人気も上々だったが、二〇〇二年の大統領選挙の第一回選挙でルペンに僅差で後れを取って第三位に終わり、政界を引退する〔訳注〕。

と同時に、「分裂選挙」というもう一つの進行中の不調の影響によって、このような二極化作用が全面的に表に出ることはなかった。二極化が存続しつつもその存在が隠れていることは矛盾したものではない。一九九〇年代の特徴は、全面的とは言えないまでも、有権者全体が分裂し細分化していくことにあった。第五共和制に根を下ろした生態系は、根深い混乱に見舞われることとなる。

第二部　危機に陥った生態系

第五共和制は出生時の状況から、長いあいだシーザー主義という疑念を投げかけられ、観察者たちは、執行権に有利な形での執行権力と立法権力の力関係の逆転によって、「選挙君主制」と呼ぶべきものを制度化させる不均衡を生んだのではないかという感覚を持ち続けた。「選挙君主制」という言葉は、ド・ゴール自身がアラン・ペールフィット〔一九二五〜九九年。六〇年代に情報相や研究担当相を歴任した、ド・ゴールの側近的な政治家〕との会話の中で発したものである。しかし、たとえそうだとしても、その創設から最初の十数年のあいだは、創設的な選挙（五八年憲法の可否をめぐる国民投票）と決定的な政治的投票（五八年の総選挙、六二年の憲法改正国民投票等）という、主権を有する人民の多数派によって黙示的にではあれ第五共和制が認められたことで、新体制は有利に運用すべきだという正当化の恩恵を逆に受けた。

三つの要素が、第五共和制にとって明らかに有利に働いた。第一に、第四共和制がずっと苦しんだ——しかしその継承者たる第五共和制はその恩恵を受けた——歴史的不正義のようなものである。すなわち、ゴシップのようにすぐに明白になった政治的不安定性、生まれついての無能の証と受け取られた——ド・ゴールでさえも解決までに四年の歳月がかかった——アルジェリア戦争における解決の困難さ、そして、第四共和制が本当に取り組んだ戦後復興と経済的近代化政策のさまざまな効果をもってしても、作られてしまったネガティブなイメージと世論からの「嫌われ者」感情を埋め合わせることができなかったことである。

このため、第四共和制はその消滅後に後悔の念を呼んだり、ノスタルジーの対象になったりすることは一切なかった。第五共和制の有権者の最初の世代は、この新しい体制が登場してきた状況を直接的であれ間接的であれよく覚えており、この時フランスが日常的な生活水準の向上をもたらした誇るべき成長の只中にいただけに、政治的な安定が回復したことをいっそう第五共和制の功績とみなしたのである。これが第五共和制を有利にした第二の要素である。多くの点で、第五共和制は国民の多数の人びとから見て、成功した政治的近代化ならびに幸運な社会経済的変動と同じ意味として受け止められたのである。つまり第五共和制とは、国家機構の再建と国の富裕化であった。

これに加え、第三の要因によって第五共和制は、当初は〔第五共和制に対し〕躊躇ないしは敵対的だった政党を含めた政治勢力全体から基本的な支持を、明示的であれ黙示的であれ、得ることとなった。つまり第三の要因とは、政権交代が第五共和制において可能であり、さらに、当初の敵対勢力の目から見ても、その制度はもはやド・ゴールのためだけの構築物とは思われなくなったことである。第五共和制憲法の条約のいくつかはその解釈の仕方に余地があるために、憲法の実施に多大な柔軟さを持たせることができた。大統領権力の優越性、首相の地位の不確定性、議会の役割の縮小といった事実は否定できなくても、その作用を和らげることはできたのである。

第五共和制は多くの国民の目から見て国内上の安定とフランスの大国さを保証するものと思われていただけに、いくつかの限定された政治集団からのものを除いて、根本的な批判を浴びることなく、このようなフランス的例外は長いあいだ第五共和制の功績だとみなされてきた。第五共和制誕生から三〇年以上が経った一九九〇年代以降も、不調の予兆がいくつも出ていたにもかかわらず、第五共和制はこのような安定と大国を保証するものとして受け止められた。しかし九〇年代において、第五共和制を侵している病が何であるかが明らかとなり、八〇年代を通じて目に見え始めていた不調の症状が、今世紀末には、一層強く活発になるのである。

第四章　機能不全の段階へ

一九九〇年代における政治の魔術性の喪失と極右の興隆によって、「分裂選挙」という形で有権者全体に細分化が進んだ。どの政治的多数派も、選挙を経た後政権の維持を図ることができず、ミッテランとシラクという二人の大統領が続けて、それぞれに「コアビタシオン」の状況におかれることとなった。それに加え、この二つの状況は相関していた。不調の症状の加速化は進み、栄光の三十年は完全に終わりを迎え、それに引き続く局面として、非常に不安定な時代をフランスは迎えたのである。

I　「分裂選挙」

たとえミッテランが、一九八八年の大統領選挙の第一回目投票において三四・〇九パーセント、決選投票において五四・〇一パーセントの得票率を得て、たやすく再選したとしても、この年の春にはすでに、九〇年代を通じて進行する不調が始まっていたことが、いくつかの数字から明らかになっていた。

1　一九八八年のあいまいさ

確かに、この一九八八年の大統領選挙においては、第一回目投票の棄権率（一八・六二パーセント）は八一年選挙（一八・九一パーセント）に近かったが、国民戦線の候補者のルペンは一四・三九パーセントの得票率を獲得した。彼の七四年選挙での数字は、すでにみたように、〇・七四パーセントだったし、八一年に至っては、大統領候補者となるのに必要な署名人の確保[1]すらできなかった。つまり国民戦線は、以前の時代と比べれば勢力を増大させ、驚異的な成功をおさめたのである。正常状態からの逸脱が進んでいることは、再選を果たしたミッテランが国民議会を解散させたことで実施されることになった翌六月の総選挙の結果からも見て取れた。一九八一年では、〔勝利した大統領選と〕同じ政治的状況の中で、社会党は国民議会総選挙の決選投票で単独過半数を確保することができた。八八年では、八六年の比例代表制の導入とともに一旦廃止になった単記多数決二回投票制[2]が復活したものの、社会党は五七五議席中二七五議席しか獲得できず、単独過半数を確保できなかった。新しく首相に就任したロカールは、議会内で相対的多数しかない状態のまま政府を率いなければならなかった。他方で、〔右派の〕UDFとRPRも、二党の議席を合わせても単独過半数を獲得できなかったので——共産党は二七議席確保し、FNは一議席獲得していた。FNは多数決制投票様式の導入により党勢は縮小した——社会党は新しい「コアビタシオン」を強いられることはなかったが、第五共和制はこれまでにないケースに直面したのである。すなわち、これまでのように、大統領選挙はその任期の最初に、大統領を支持する多数派と国民議会の多数派が一致することによって、安定した政治状況を作り出すことにはならなかったのである。

（1）大統領選挙の候補者となるための要件として、代議士や地方議会議員、市長等の有資格者（二〇一二年選挙時には総数四万七〇〇〇人）から五〇〇名の推薦が必要となる〔訳注〕。

（2）大統領選挙と同じく、第一回目の投票で過半数を取れなければ、第一回目投票時の上位二名による決選投票を行なう投票様式〔訳注〕。

しかし、正常から逸脱することとの影響がより直接的に明らかになっていくのは、九〇年代初頭のこととなる。一九九二年三月における市町村選挙と地域圏選挙において、フランスの政治的風景は根本的に変わったように思われ、そのため三人の政治学者（フィリップ・アベール、パスカル・ペリノー、コレット・イスマル）は、この選挙の特徴を「有権者の分裂」に伴う「分裂選挙」だったと結論付けた。つまり、政府政党〔政権担当可能な政党〕と呼ばれた三政党（社会党、UDF、RPR）は、三党の数字を合わせても、この一九九二年の選挙では得票率の半分、正確には五一パーセントしか獲得できなかったのである。この現象は、新しい政党勢力の登場を受けて、「政治的供給の分断」が一緒に進むプロセスを加速させた。この時期、この二つの勢力が観察者に衝撃を与えた。その勢力が拡大し続けたFNと、エコロジストの潮流である。環境主義政党は、環境問題の登場と社会党支持者が社会党にがっかりして投票先を変更したおかげで、みずからの勢力を拡充させた。

この政治的代表制の危機は、同年九月二十日のマーストリヒト条約に対する国民投票の結果によって、もう一度確認された。なんといってもマーストリヒト条約は、九〇年代の終わりに単一通貨の導入と欧州中央銀行の設置を規定するものだった[1]。マーストリヒト条約に対しては、政権政党の社会党ばかりかジスカールやシラクといった野党の右派の大半も賛成していたにもかかわらず、その批准のために行なわれた国民投票に対して一二〇〇万人の有権者が棄権し、有効投票数のうち五一・〇四パーセントしか「ウィ」を表明しなかったのである。

(1) マーストリヒト条約は、ヨーロッパ連合（EU）の設立条約として、オランダのマーストリヒトで一九九一年十二月に調印された条約である。本文で触れられる経済通貨統合の規定に加えて、政治統合の深化も規定している。一九九三年十一月に全調印国による批准作業が完了して発効された。ここに、EUが誕生した〔訳注〕。

2 政治的代表制の危機

これらの結果は、政治的代表制の危機が大規模に進行していることを示すものだった。観察者は、「ウィ」を表明したフランスと「ノン」を表明したフランスとのあいだで、社会経済的な断絶が進んでいることを強調した。経済的苦境の状態と陰鬱な社会的雰囲気によって、ポピュリスト的な有権者の一部が抱く不安は、将来に向けて膨らんでいくばかりだった。ヨーロッパ統合は、そのような不安を和らげるどころか、いっそう激しく煽り立てるものだった。ヨーロッパ統合問題は一九五〇年代以降において国内政治論争の主題ではあったが、これ以降はそれに加えて、心理的・文化的な側面がいっそう強くなることになった。つまり、地政学的な単位が作用する中でヨーロッパ統合を追求するフランスは、これ以降、ヨーロッパ統合とインフラポリティック(1)の領域に関連する国内争点とを分離させることがいっそう難しくなることになるのである。

(1) ここでいうインフラポリティックとは、政治を下支えするものの意味であり、政治や政策に直接表われることはないが、その基盤として、問題を人びとが認識する際に不可欠な役割を果たす構造を指す〔訳注〕。

しかし、この九二年九月二十日の国民投票が非常に僅差となったという結果は、大雑把に言えば、抗議票が増加したということを意味する。というのも、非常に多くの政治家たちが、マーストリヒトに「ウィ」を表明していたからである。このような様相は、先の例と一致している。というのも、大衆層においてこそ、このような社会経済的な危機に直接的に襲われたので、政治的信条に従って投票するというよりも抗議票を投じるための投票が、この時期増大していったのである。まさにこの点に、当時における政治的代表制の危機、すなわち有権者の一部はもはや伝統的な政治階級に属さなくなったということの影響がある。そしてこの政治的代表制の赤字はFNの票を養い、議会における右派だけに関する訳ではない問題を投げかけることとなった。右派政党はいまや、打ち捨てられるかエスカレートするか、どちらかの傾向を持つこととなる。ルペンの運動は、政治的には右派の中の右派という位置に身を置いているが、共産党が小グループに引き裂かれ劇的に勢力を低下させる中で、労働者層の一部は、抗議者としてのルペンの姿に魅力を感じた。また、社会党の左派も、抗議的投票の増大に直面していた。同年、九二年春の市町村選挙ならびにとくに地域圏選挙において、エコロジスト勢力が突如成功を収めたのは、社会党支持の有権者層の一部に、社会党に対する幻滅があることを示す最初の兆候となったのである。九月の〔マーストリヒト条約に対する〕国民投票では、このことが一層明確になった。ミッテランがマーストリヒトに「ウィ」を表明する個人的なキャンペーンを張ったのに対して、リムーザンやノール県といった古くから強固に社会党勢力が根付いていた地域においてすら、「ノン」を投じた票が多かったのである。

社会党左派は、ほかのすべての政治団体以上にこの政治的代表制の危機に陥っていた。政権を握っていただけに、社会党は、何年ものあいだ国際的な景気改善があったにもかかわらず長く続く経済的苦境の責任があるとみなされただけでなく、その影響によって生じ続けている社会的分断についても責めを負わされたのである。さらに、社会党の政治的状況は、本質的には異なるものの同じ方向を向いている二つの要因によって弱体化していた。第一の要因とは、社会党はこの当時内部が相当深く割れていたことだった。おまけにこの分裂は国のトップレベルにまで及んでいた。なぜなら、ミッテランは一九八八年の再選後かつての党内のライバルであるロカールを首相に任命したが、この両者の関係はロカール内閣が続いた三年間のあいだずっととげとげしく、九一年三月にロカールはミッテランから突然辞任を強いられたのである。二つの不和は社会党内部の亀裂にとどまらなかった。社会党内の分裂はミッテラン政権の二期目の最初からずっと続き、とりわけ九〇年三月のレンヌでの社会党党大会の場で公衆の面前にさらされた。党大会のあいだ中、党員間の不和がきわめて激しい形で露呈し、その世論に対する影響はひどく悪いものだった。その影響が社会党にもたらしたものは、同党が繰り返し「スキャンダル」に見舞われたこともあって、一層深刻なものとなった。政府要人もしくはミッテランの近親者たちに、一九八九年以降「インサイダー取引」の疑いが持ち上がり、この問題はその後何回も繰り返されることとなる。

3　コアビタシオンの復活

　これらが理由となって、九三年三月の国民議会総選挙は、社会党にとって壊滅的な結果をもたらすこととなった。総選挙の第二回目投票において（三月二十八日）、右派は実に議席総数の八四パーセントにあたる四八六議席を得たのである。一九八六年と同じく、いやその重みはさらに重く、ミッテランは敵対的な多数派と対峙しなければならないことが判明したのである。こうしてミッテランは、第一次コアビタシオン期に経済財政相兼民間化担当大臣だったバラデュール[1]を首相に任命した。この敗北を受けて、すべての政党にとって次の政治的決選は、九五年春に予定されている次期大統領選挙となった。右派においては、新首相となったバラデュールは大統領選に対するみずからの野心について、その当時は何も触れず、RPRを代表する第一候補はシラクと思われた。しかしその年の秋以降、シラクとバラデュールとのあいだに対抗心が燃え広がった。というのも、バラデュールは当時大きな人気を誇り、それが以前よりずっと強い立場を彼に与えることとなったからである。このような対立は、大統領選挙に備えることで誘発されるものであり、八一年にすでにミッテランとロカールとのあいだで見受けられ、八八年にはシラクとバールとのあいだでも起こっており、第五共和制の構造的与件になっているように思われた。大統領選の投票日が近付くにつれて、またもや社会党における党内分裂が発生した。ミッテランは、憲法で三選が禁じられていない[2]ので大統領に立候補することは出来たけれども、健康状態とすでに二期務めていたことを考えると、当然の候補者とは思われなかった。社会党の候補者として当然視されていたのは、九三年の選挙戦敗北後に社会党を率いることとなったロカールだった。しかしロカールが臨んだ九四年六月のヨーロッパ議会選挙での数字は一四・四九パーセントと、ベルナール・タピ[3]が率いたMRG〔左派急進運動――第三共和制期の主要政党である急進党の流れをくむ中道左派政党〕が獲得した数字（一二・〇三パーセント）とほとんど変わらなかったことから、ロカールは党の指導者の座から降りざるを得なくなった。その時、数か月にわたって社会党の希望を担ったのがジャック・ドロール[4]だった。しかしその希望も、ドロールが九四年十二月に候補者には立候補しないことを表明するまでしか続かなかった。

（1）エドゥアール・バラデュール――一九二九年生まれ。第二次コアビタシオンのもう一方の主役となるド・ゴール派の政治家。同世代のシラクとライバル関係にあった〔訳注〕。

（2）現在では、二〇〇八年の憲法改正によって大統領の三選禁止が導入されている〔訳注〕。

（3）一九四三年生まれ。実業家、政治家。貧しい家の生まれで学歴もなかったが、腕ひとつで巨万の富を得た実業家。ミッテラン政権下の九二年に都市問題相として入閣するなど八〇年代末から九〇年代前半にかけて政界で活躍する。政界・財界以外にもさまざまな分野で活動するも、多くのスキャンダルを抱え、毀誉褒貶の激しい怪人物として知られる〔訳注〕。

（4）一九二五年生まれ。第一期ミッテラン政権の蔵相、一九八五年よりEC委員長。ヨーロッパ統合の深化に多大なイニシアティブを発揮したことで知られる〔訳注〕。

九〇年代中盤において、不調をもたらす要因は、政治的駆け引きが求められる主要な領域で作用していた。その頂点に立つのが、状況を複雑にし、そして多くの点で麻痺させたコアビタシオンであった。政党の中では、「大統領の取り巻き」が組織され始め、その組織の問題が、政治原理に関する議論よりも優先された。さらに、九四年のヨーロッパ議会選挙では、なお一層フランスで投じられた票は「分断された」ように思われた。というのも、先に見たように、社会党への投票は低迷しただけでなく、抗議票はなおいっそう増大したように見受けられたからである。FNはほんの少しだけ伸び悩んだ〔得票率一〇・五二パーセント〕が、それは政府不支持を打ち出したド・ヴィリエ[1]が率いたUDF〔一二・三三パーセント〕と競合したからである。これらの支持層は、九二年九月のマーストリヒト条約に対する国民投票での「ノン」を投じた人たちだった。注目すべきは棄権票の多さであり、ほとんど半分に達した〔四七・三パーセント〕。これは、九二年の二回の選挙〔地方選挙とヨーロッパ議会選挙〕ですでに明らかになっていた根深い政治的危機状態が、いまだ続いていることの証だった。

（1）フィリップ・ド・ヴィリエ——一九四九年生まれ。右派・極右政治家。九四年にUDFを離党し、保守・愛国主義的で反欧州を標榜する政党「フランスのための運動」を設立〔訳注〕。

こうして、翌年の大統領選は左派にとっても右派にとっても複雑なものとなった。極右が非常に活発に活動していることに加えて右派にとって重要なことは、RPRからシラクとバラデュールという二人の候補者が出て直接競い合うことになったことである。そしてこのド・ゴール派の二人が使う言葉は、この時期の状況全般の複雑さがいかなるものだったのか、そして、そこから生じた論点がどのようなものだったのかを明らかにしている。大統領選に打って出ることをついに決めた首相のバラデュールが「分断も断絶もない改革」と毅然として述べれば、そのライバルのシラクは、別の解決を主張する候補者という立場だったが、「社会的骨折[1]」という問題状況を指摘し、それを和らげようとする意志に満ちた演説を行なった〔つまり両者が語った言葉は同じだった〕。シラクは、大統領のミッテランと首相のバラデュールによってこの時体現されていた政治権力にあたかも対抗する姿勢を見せ、そして九五年春の大統領選においてて、第一回目投票でバラデュールに勝ち、そして決選投票で社会党候補者のジョスパンに勝利した。しかしこのシラクの勝利は、一層悪化した状況全般を示唆するものだったのである。

（1）社会的骨折（fracture sociale）とは、基本的には、ある社会階層と別の社会階層とのあいだに深い溝があって一つの社会として統合されていない状況を指す。具体的には、雇用等で既に社会で自己実現を果たしている階層と、失業等で不安定な地位に置かれている階層との分裂を意味するので、社会的分断と訳したほうが分かりやすいかもしれない〔訳注〕。

Ⅱ　社会的骨折？

「社会的骨折」という主題が生んだ反応、もしくは少なくとも、その疑いない戦術的効率性は、実のところ、間接的ではあれ、意義深いものだった。つまり、そのような症状があることが明らかになったフランスは、根の深い危機に陥った国となり、政治的ゲームの規則を定めた第五共和制という体制は、強い緊張状態に置かれてしまったのである。進歩がつねに望む先に見えた、繁栄している国家に生まれたこの第五共和制において、その生誕から三分の一世紀が過ぎたとき、それが統治するナショナルな共同体の営みは、何が標準となるのかという目印や社会生活を営む際に人びとが抱く予想といったものがもう当てにならなくなるくらい混乱してしまった。

1　未曽有の経済的鈍化

一九七〇年について扱った章ですでに取り上げたが、この経済成長の終わりが何をフランスにもたらしたのかという問題は、またここでより紙幅をとって再び取り上げなければならない。というのも、経済成長は社会的平穏を基礎づける条件の一つであり、そのような社会認識は長いあいだフランス人にとって内在化していたため、その鈍化はすぐには認識されなかったからである。確かに、この栄光の三十年を支えたイデオロギー〔成長への信奉など〕に対しては、断罪されたものもあった。実際、「消費社会」は五月革命において攻撃され、七〇年代に入ると「ゼロ成長」[1]というテーマが反響を呼ぶことになった。しかし、このような問題が反響を呼び、とりわけ生まれたばかりの環境運動に影響を与えたとしても、社会の大多数の人間の確信をもたらすまでには至らなかった。七二年四月のIFOP社による世論調査では、三分の二——正確には六六パーセント——のフランス人は生活の質を保つためには経済成長が不可欠であると考えていた。

(1) 一九七〇年に設立された民間団体「ローマ・クラブ」が提出した報告書『成長の限界』で提示された議論。報告書では、幾何学数的な人口増加に対する地球上の食糧・資源・環境の有限性によって従来の経済成長の維持は将来的に不可能であることが主張される一方で、成長を抑制しつつ経済活動の維持が安定的に図られることが望ましいとされ、この安定状態が「ゼロ成長」と呼ばれた。D・H・メドウズ他『成長の限界——ローマ・クラブ「人類の危機」レポート』ダイヤモンド社、一九七二年〔訳注〕。

良好な経済状態と日常生活の向上とのあいだに相関関係があることは、この世論調査で明らかになり、そして世論によってそのように受け止められた。このことは、一九七三年秋以降の経済不況への突然のショックがなぜかくも大きかったのかを物語っている。十月から十二月にかけて一バレルあたりの石油価格が四倍になったことで、それより数年前には万能薬と考えられた「ゼロ成長」は現実になったばかりか、生活様式と水準の向上というよりも停滞と悪化の同義になってしまうほど、急速かつ根本的な影響が表われた。この点に関する数字は雄弁である。七四年のインフレ率は一五・二パーセント、七四年初頭から七五年暮れまでのあいだに失業者数は四五万人から九〇万人へと倍増、同期間における工業生産高は横ばい、といった具合である。

経済危機がこれほどまでに重要なのは、その規模に加えて、経済状況の逆転があまりに突然だったからである。高い成長に支えられ、当時の人びとはほとんど誰もが職を持っていた社会を当たり前と思っていたのだ。経済的停滞と強いインフレが合わさった「スタグフレーション」の登場は、たとえその影響が表われるのは数年先だったとしても、フランス社会を心底苦しめるものだった。一九七四年から七九年までのあいだ、シラク内閣とバール内閣によってそれぞれに実行された政策は、その進行を食い止め、完全ではなかったとしても、その衝撃波を弱めるために行なわれたものだった。しかし、七九年の第二次石油ショックがすべての努力を無にし、危機はまた新しい圧力をもたらした。大統領選が数週間後に迫った八一年の四月、一六五万人の失業者をフランスは抱えるようになり、その数字は現職大統領ジスカールが就任した七四年の四倍以上になっていた。前年の八〇年においては、それまでと比べてインフレ上昇率が緩やかになっていたが、それでも同じく七四年の数字と比べれば、一三・六パーセントも向上していたのである。

フランス人の生活水準も、経済状況の後退によって悪化した。〔しかし〕ここでこの生活水準の崩壊やもしくは度を越した低下がみられたわけではない。そのメカニズムは社会的な悪影響を伴うほど有害なものだったが、耐えられないというほどではなかった。生活水準が日増しによくなっていくことは、日常生活における高度経済成長の最も目に見えやすい特徴だった。そのような生活水準の向上が非常に強くかつあっという間に損なわれたことが、むしろ大事だったのである。収入・支出研究所（CERC）が行なった研究は、一九七三年以降の景気悪化の影響をよく示している。一九六〇年から八三年にわたって行なわれたこの研究によると、フランス人の購買力はこの時期に二倍になっているが、六〇年から七三年までが八〇パーセントの伸びに対して、七四年から八三年までの伸びはわずか二〇パーセントであることがわかった。時期を分けて調べてみると、なお一層興味深いことがわかってくる。平均手取り給与の購買力の年間平均向上率は、六〇年から六八年では三・九パーセント、六九年から七三年までは四・三パーセント、七四年から八〇年までが一・八パーセント、そして八一年から八三年までが〇・六パーセントなのである。その間に起きた危機は、これまで見たように、七三年から十年間、貧困に似た現象が突如フランスに登場したというものではなく、生活水準の向上が突然ストップしたことによるものなのである。生活水準の向上は実際にそうだったし、過去数十年一貫したものであり、それによって社会全体が幸福感のようなものに包まれていただけに、社会的な衝撃波は根深く、そしていつまでも続いたのである。

ここに、第五共和制の歴史におけるパラドックスの一つがある。この体制は、危機を迎えた他の自由主義デモクラシー国家と同じく、福祉国家のメカニズムや社会福祉や再配分のプロセスによって、その危機を和らげてきた。危機を緩和するこれらの方策は、危機がもたらした最も重要な帰結であるが、しかしその政治的功績は、八一年の前後を問わず、右派に対しても左派に対しても付与されることはなかった。それどころか、七〇年代後半に始まったのは信頼の危機であり、八〇年代には政治的なデフレ〔政治に対する価値づけが損なわれていくこと〕が、感覚的には政治的な浸食として起こったのである。そのような政治的デフレが起こった主要な原因の一つは、社会経済的な危機が世論によって認識されたことだった。そしてこのようなことが起こったにもかかわらず、国民の過半の生活条件は一貫して改善していっただけに、いっそうこれはパラドックスなのである。たとえば生活条件調査観察研究センター（CREDOC）の研究では、「基本設備」（各家庭に個別設置のトイレ、シャワーもしくは風呂、カラーテレビ、電話、自動車）を一九七〇年に利用していたフランス国民は半数を少し超えた程度（五七パーセント）だったが、これが九二年には九二パーセントを超すのである。一九七四年以降の経済的鈍化の広がりは、つまり、物質的な停滞を伴ったわけではなかった。しかし圧倒的な成長がもたらした幸福感は消え、失業者の増大が社会の分断を悪化させていった。この社会の分断は、達成された進歩を覆い隠し、フランス人の重要な関心になっていったのである。

2　新しい貧困

危機のショックは、フランス社会が同時に脆弱化し、その外観からして根本的に変化していっていることから、一層拡大した。先に見たように、第五共和制は大半が中間階級で、かついまだ強力な労働者階級を抱えた国で誕生した。労働者階級には、経済危機の影響が最初に現われた。農民と小商業者が第二次大戦後から一九五〇年代にかけて近代化の余波を被ったのとまったく同じように、それから二〇年後にフランスの労働者は、工業社会における部分的な既存構造の崩壊が始まった時に、その前線に立たされることになった。この点に関する数字は示唆的である。六〇年代において、職業人口における労働者数割合は三九パーセントから四〇パーセントで安定していたが、八五年以降は三一パーセントを割り込み、一九九九年には、四分の一という象徴的な数字をかすめるまで（二七パーセント）になった。国内生産高における工業生産割合は著しく落ち込み、国民総生産の「第三次産業化」の効果は疑いようがなかった。六〇年代初頭から八〇年代中ごろにかけて、サービス産業は四七・四パーセントから五九・三パーセントへと向上した。

工業セクターの活力低下は、よりダイナミックで、より魅力的になりそうな別の国内生産領域に向けた移行にすぎないと考えるべきではない。失業者は八〇年代を通じて増え続け、九〇年代初頭には三〇〇万人を超さんかの勢いで、実に職業人口の一割を突破したのだ。失業者数が増え続けたことによって、路上生活者の増大という形で社会状況のみじめさは目に見えるようになり、「新しい貧困」というテーマを取り上げるメディアによって打撃を受けるようになった。この「新しい貧困」という問題は高い失業率と非正規雇用化が加速する一九八〇年代末の状況を受けてのものであるとしても、当時はまだ機能していた国民的な連帯メカニズムと福祉国家のおかげで、これらの問題はコントロールされていると思われた。セルジュ・ミレノがいうところの「絶対的貧困」について分析したところ、実は栄光の三十年が消滅したにもかかわらず、これは一貫して減少し続けていた。七四年に「絶対貧困」に該当するのは四〇〇万人いるとされたが、七九年には二六〇万人、八七年には一〇〇万人になったのである。しかし、このように明らかになった傾向は、その時活動していたほかの二つのプロセスを覆い隠すものではなかった。第一に、統計的には減少していたにもかかわらず、貧困の社会的タイプが変わったために、絶対的貧困がより目に見えやすくなったというプロセスである。一九六〇年代から七〇年代にかけての貧困層のようなものを形成していた人びとの大半は、退職したりごくわずかな年金をもらったりしている「年老いた人びと」だった。彼らの存在は人目に触れにくかったため、多くの人びとの視界には入らなかった。これに対して、新しい貧困の形態は失業した住居もない人びとであった。そのため「ルンペン化」現象が路上で見ることができた。この貧困のわかりやすい可視化により社会不安は増大し、この社会不安は劇的ではないがより大規模な結果を生むこととなった。それが〔第二のプロセスである〕経済的活動の鈍化と工業分野の破裂である。法的な要件を満たした失業者、パートタイム的失業者、最初の雇用先を見つけ出せない者、臨時契約に代表される脆くなった社会状況は、それ以前の給与所得者のほとんどが完全雇用で不況知らずの景気の時代だった時の状況と、著しい対照をなした。そしてすぐに、社会経済的な景気の厳しさを象徴するのは工業セクターだけではもはやなくなるのである。マーストリヒト条約に対して投じられた否認票を生んだ一因である社会経済上の分断はフランスの多くの地域で見られるようになり、社会統合および雇用の問題と抗議的投票とのあいだの相関関係は、観察者の目には一層明らかになった。

Ⅲ　次は中間層の番か？

一九九〇年代においては、工業セクターでの雇用危機は、統計的には多数を占め当時は政治的には安定していた中間階級の存在によって、この時はまだ和らげられ――そうでなければ相殺され――ていた。

1　第五共和制の土台

一九七〇年代中盤は、この点で、象徴的な曲がり角だった。七五年の国勢調査において、第三次産業の割合は、四六年の三四パーセントから過半数の閾値を突破した（正確には五一パーセント）のである。一九三一年の国勢調査では、人口における都市と農村との関係がまだ農村優位だったことを考えると、この七五年は二十世紀フランス社会史の画期的な年の一つだった。栄光の三十年はフランス社会を根本的に変えた。すなわち、四六年から七五年までのあいだに、職業人口に占める農民の割合は三分の一から十分の一へと減り、「ホワイトカラー」は同じく三分の一から半分へと増加したのである。これに加えて、拡大し続ける中間層に取り込まれるのは第三次産業に従事する人びとだけでなく、一九六〇年代以降は、労働者層も中間層の一部となるのである。社会学者のセルジュ・マレはこれを「新しい労働者階級」と呼んだ。他方で農村世界に関しては、社会的流動性の中で、中間層に統合されていく農民が現われ始めた。このような流動性の構成は、結局フランス社会の変貌《メタモルフォーゼ》の基本的な側面なのである。つまり、社会のますます多くの部分が、生活状況と集団的要素が画一化によって少しずつ塗り固められていったのである。社会学者のアンリ・マンドラスは、フランス社会の「中間層化」から分析を発展させ始めた。つまり、フランス社会において、中間層が社会空間の三分の二を占め、中間層的価値を社会全体に浸透させたのである。中間層は、安全が確保されている感覚と未来が平穏であるという予測に基づき、信頼と進歩で地平線を描いた〔未来をつねに信頼し、未来はつねに進歩すると考えた〕。この進歩(progrès)のPは、この時代を特徴づけた平和(paix)・繁栄(prospérité)・完全雇用(plein-emploi)という三つのPに加わる第四のPだった。

中間層と彼らの価値は、現在の社会の土台であると同時に、調和的で実り多い発展をもたらす糠床でもあった。一九六〇年代と七〇年代前半には、〔中間層への〕労働者世界の統合とより広い意味での社会統合は、以前よりも不平等の少ない、福祉国家の作用が徐々に機能していった社会を作り出した。社会全体の構成が、十年から二十年間で完全に移り変わり、ブルジョワとプロレタリアートで二分割されていた社会は、中間層の給与所得者の大規模な拡大、下層労働者の賃金の高い引上げ、全体的に上昇する社会的流動性によって作り直された世界に引き継がれた。これらのさまざまなプロセスがまじりあう中で、アラン・トゥレーヌが「サラリーマン化した新しい中間階級」と呼ぶものが拡大していった。確かに、この社会的で歴史的な機会をベビーブーマーという新しい世代の到来と評価できるが、その機会は労働市場にも到来した。最も高学歴な職から最も下級の給与職までのあらゆる社会階層において、異なった社会的地位の改善が行なわれ、ルイ・ショーヴルが呼ぶところのこの世代の「運命」は、恵まれたものとなったのである。しかし、このような経済的景気の恩恵を受けたのは、働いていた世代はすべて、つまり〔ベビーブーマーより〕年長者の世代もそうだった。

中間層は統計的には最も多く、社会的に安定していた。第五共和制の社会的土台はそこにあり、その土台は堅固で拡大していた。このような状況は、歴史家が後から振り返って描いたものではない。政治的指導層は、同時代に、そのようなデータをみずからの分析の中に組み込んでいた。ジスカールは、広義の中道勢力が多数派に成長したという考えをみずからの行動の指針としていることを、大統領を務めていた時の自著『フランスの民主主義』（一九七六年）の中で披露した。また社会党は、中間階級の一部がメンバーとして参加するか、選挙の際に支持することで、みずからの勢力を興隆させることができたのである。

2　一九九二年の叱責の衝撃

しかしながら、一九七〇年代の特徴が、中間階層が社会的構造の中核に位置し政治的舞台の前面を占めていた時期だったしても、経済景気の変動により、この「サラリーマン化した新しい中間階級」は不安定化し、そしてその社会全体が分断していく局面にやがて突入することとなる。確かに、そのプロセスは九〇年代の初頭にはまだ目に見えるものではなかったが、経済的な機能不全が上げ潮になっていくのに対して、二重の堤防の恩恵を受けていた第五共和制を取り巻く状況は、すでに脆弱していたのである。最初の堤防とは、大衆層に対する福祉国家の維持によって形成されたものであったが、生態系の中で最も早く被害を受けて崩壊した。よくよく見れば、シラクの大統領選挙キャンペーンによって広く名を知られるようになった「社会的骨折」という考えは、シラクの勝利によってその有効性が証明されたが、これはなによりもこのような断絶にかかわるものであった。この分断によって大衆層は、それ以外の社会階層に対して、困難な関係におかれるのである。その三年前の九二年九月二十日のマーストリヒト条約に対する国民投票から、このような社会経済的断絶は姿を現わしていた。この国民投票の結果は、既に第五共和制に対する叱責の一打を鳴らしていた。「ウィ」を表明したのは一三〇万人だったのに対して、「ノン」を表明したのは一二五万人、棄権したのは一二〇万人だった。

意見が三等分に分裂しているこのような状況は、四六年前の第四共和制の誕生時の状況を思い起こさせるものだった。一九四六年の第四共和制設立に関する国民投票において、流星の運命を抱いたこの体制は、登録有権者総数の三分の一を僅かに上回る票数で批准されたに過ぎなかった。つまり、非常に多くの有権者が棄権し、有効投票数において僅かに過半数が制されたのである。確かに、第五共和制の設立時にも似たようなことが指摘されなかった訳ではないが、第五共和制は設立後三四年のあいだ、第四共和制設立時の国民投票に類するような、票が見事に三分裂した投票を経験しなかった。しかし一九九二年になって初めて、第五共和制はみずからの亀裂を世に示したのである。「ノン」のフランスは、左派右派混じり合った国民議会の大多数の政治勢力が支持したマーストリヒト条約を明々白々に、しかも大規模に拒絶した。抗議的投票は、まだ正統性の拒否を意味してはいなかったが、支持不足は充分に表わしていた。

このような支持不足は不安を惹起させるものだったが、しかし一九九二年のそれは一九九五年同様に大衆層にしか及ばなかっただけに、統計上圧倒的な中間階層の中核に関わるものではなかった。警告のホイッスルは鳴らされたが、第五共和制は、当座のあいだは中間層という第二の堤防を浸食させずに保持していた。

第五章　総決算の到来（一九九五〜二〇一二年）？

一九九五年から二〇〇二年までのシラク大統領の第一期目の任期は、既にその前から見受けられていただけでなく、ひどく強い衝撃を与えるような機能不全が濃縮された時期だった。幾つもの日付が、その悪化が続いていく目印となっていた。まずは一九九五年、新大統領〔シラク〕をフランス人が本当に支持したのはわずか数か月のことに過ぎず、そのような状況下でフランスの改革は行き詰った。一九九七年、この国は第三回目の長期のコアビタシオンに突入し、その期間はこれまでの二回の期間を合わせたよりも長かった。二〇〇二年、大統領選の第一回目の結果が雷鳴のようにフランスに鳴り響いた。登録有権者数の三分の一が投票場に足を運ばず、シラクとジョスパンという現職の大統領であり首相でもあった左右の候補者が得た得票率は、二人合わせてもたったの三分の一をほんの僅かに上回る（正確には三六・〇五パーセント）だけだった。

I　第五共和制のパラドックス

一九九五年のジャック・シラクの勝利によって、シラクが昔から抱いていた望みはようやく叶った。八一年と八八年の二度の挑戦を経て、シラクは最初の立候補から一四年後にこの国の最高権力の座に就いたのである。大統領職への野心と誇示は、ミッテランのそれを想起させるものだった。ミッテラン自身、当選したのは三度目の挑戦の末であり、〔最初の挑戦であった〕一九六五年の大統領選挙の決選投票でド・ゴールと競い合ってから一六年後のことだった。どちらの場合も、右派と左派両方で二人の野望が――最終的には叶うとはいえ――もたらしたのは、世代交代の阻害だった。ジスカールを除いては、二〇〇二年まで誰一人として五十八歳以下の候補者が大統領に当選しなかった〔五十八歳とは一九六九年におけるポンピドゥーの年齢である〕。ミッテランが当選したのは六十五歳のときであり、ド・ゴールは六十八歳で、シラクの九五年の当選時の年齢は六十三歳だった。ミッテランとシラクがそれぞれ二期大統領を務め、二人合わせて二十六年間権力の座にあったことを考えると、このほぼ四半世紀のあいだ、世代交代の時期は現実的には望めなかったのだ。一九九五年に四六年生まれのジュペに首相の鉢が回ってきたことは、二頭的共和制における劣位の職にあるとはいえ、八四年にファビウスが首相に任命された時のように、刷新への始まりと思われた。[1] しかし彼ら「ベビーブーマー」たちは、〔ジュペが首相に就任してから〕

一二年後〔二〇〇七年〕に実現した本当の世代交代の時がやって来た時には、もはや既に歳を取り過ぎていたのだ。二〇〇七年に大統領選に立候補したのは、年齢的にはやや若い部類に入る、サルコジとロワイヤルだった。つまり第五共和制においては、数世代にわたって、政治家の世界では世代間的な毛細血管現象〔世代間を跨ぐ人材の登用〕がまったく起こりえなかったのである。

(1) 正しくは、ジュペは一九四五年八月十五日生まれである。なお、ファビウスはその一年後の四六年八月二十日生まれであり、両者は同世代の政治家である。ジュペはド・ゴール派の、ファビウスは社会党の政治家で、ジュペはシラクの、ファビウスはミッテランの側近的政治家として知られた。庇護者的存在の大統領によって、ともに若く首相に抜擢された点で、両者は共通している。ジュペが九五年に首相に就任したときは五十歳、ファビウスが八四年七月に就任したときは実にわずか三十七歳だった〔訳注〕。

1 公約と拘束

一九九五年にシラクは、再びパラドックスに満ちた状況に陥った。確かに、シラクの野望は実現し、ネオ・ゴーリストたちは一九七六年のRPRの結成から一九年の後に権力の座に返り咲いたのである。RPRは政権奪還のための組織として、既に一九八六年と九三年〔の国民議会総選挙〕において既に二回の多数派を取り戻した――そして社会党の大統領とのコアビタシオンという複雑な状況を生んだ――実績を有していた。しかし、この九五年の二重の成功は、ある意味でピュロスの勝利〔勝利と引き換えに非常に多くの損害を出す、割に合わない勝利〕だった。シラクは、〔選挙戦勝利のための〕彼にとってはある種の踏み台でしかなかったはずの「社会的骨折」にすぐに足をすくわれたからである。ミッテランとバラデュールによって体現される権力に対抗する候補という シラクの立場と、この「社会的骨折」というテーマは、シラクの勝利に有利に働いた。しかしひとたび当選するや、新大統領は、選挙公約とその当時のフランスの状況から生まれた要請と拘束とのあいだで引き裂かれることとなったのである。国家財政の赤字が重くのしかかればかかるほど、あれこれ試みる余地は一層限られていった。二つの方向に引き裂かれるのは首相も同様である。マーストリヒト条約によって定められた基準の達成には程遠かったが、基準達成の順守はユーロの実施には不可欠であった。さらに、年金問題といった社会保障の状況は、即急でかつより根本的な改革的措置を必要とした。

第五共和制はまたもや、一九五八年以降何度も繰り返す、しかし危機の出現によってより一層複雑となる枢要な問題、すなわちフランスの一大変革の結果何が生まれたのかという問題と対峙することになったのである。言いかえれば、ここで提起されたのは改革とコンセンサスの問題だった。シャバン＝デルマスの「新社会」、ジスカールの「変化」、ミッテランとモロワの「変化の土台」。これらはなによりも、フランスを改革するための試みだった。これらの試みは時には効果があり、時には挫折したが、危機が広がるにつれてますます実行が難しくなっていったのである。状況は実に二律背反的だった。なぜなら危機は、問題をコントロールするために、兎に角問題を集約化するために、実際には改革と呼ばれたからである。

第五共和制は、改革不可能な体制になったのだろうか？　フランスは、集団的な変化を拒むナショナルな共同体なのだろうか？　フランスの社会は、それぞれの分野で行き詰まりと無力を感じる不安感に苛まされる集団なのだろうか？　これらの問いは、次第に社会学者や政治学者の分析にとって、お決まりの主題になっていった。歴史家による観察では、ジスカールおよびミッテランの時期以降は――そのどちらの時代においても非常に短いあいだに――右からも左からも一連の諸改革が実施されることはその後もはやなくなったと言うにとどめておこう。ここで重要なのは、この「一連の」という言葉である。一九八二年から九五年までのあいだに、確かに重要な、一定のセクターでは決定的ともいえる諸改革が実行された。しかし、その改革はあくまでその領域に限定されたものだった。別の言い方をすれば、構造的な改革の波は過ぎ去ってしまったかのように思われた。これらの最近の諸改革は――いや、多くの点で七四年や八一年になされた改革も同様に――権利を作り上げたりもしくは付け加えたりしたものだっただけに、世論からの逡巡や敵対心を受けることはなかったのである。

一九九五年の秋にジュペ内閣は、社会保障や年金体系に関する一連の改革を手掛けることを決定した。首相に対する不評はすぐに巻き起こり、十一月末から、数週間にわたってフランスを麻痺させる一大ストライキが発生した。政府はやがてこのストに屈し、駆け引きの余地が以前より一層限られたことを知るのである。この時、とくに大統領の側近は、高失業率の継続と強固なヨーロッパ的拘束の維持はその後も増す一方なので、一九九八年春に予定されている総選挙の敗北を招きかねないという考えが広まった。シラクは、一九九三年に選出された五〇〇名のRPRとUDFが与党を構成している国民議会を即座に解散する必要性は感じていなかったが、一九九七年四月二十一日に議会を解散することを発表したのである（実際の選挙は五月二十五日と六月一日だった）。

（1）ヨーロッパ統合に関する諸政策の実現のために参加各国に対して課せられる圧力を指している。単一通貨の実現のために参加国の財政赤字を一定の幅に抑えられることはその典型である〔訳注〕。

2　一九九七年の予期せぬ投票結果

このような状況下では選挙活動の期間は短く、しかも攻守は逆転していた。与党は一九九六年の後の束の間の人気の回復の恩恵を受けたばかりで、新しい問題が出現する前に党勢を確固としたものにしたいという印象がありありだった。それに、与党の第一目的は出来るだけ多くの現職議員を再選させるというものだったので、刷新はまったく期待できなかった。左派に関していえば、一九九三年の社会党の大敗北を受けて弱体化しており、左派は大きな問題を解決しなければならなかった。それは、一九八一年以来の選挙でフランス共産党は後退一方になっており、一九七〇年代の共産党と社会党間の共同統治の時代を彷彿とさせる「統一左派」という様式が疎んじられるようになったことである。ここで現われた「複数の左派」[1]の考えは緑の党も巻き込んだものだったが、共通の選挙綱領という観点からすれば、事態をいっそう複雑にするものだった。

（1）一九九七年から二〇〇二年まで続いた、社会党・共産党・緑の党・左派急進党・市民の運動の五つの左派政党による選挙同盟であり、一九九七年以降のジョスパン内閣を支えた左派による連立勢力を指す〔訳注〕。

選挙戦は混迷を極め、この「複数の左派」はあまり貫徹されなかったものの、与党は第一回投票において大きく勢力を後退させた。与党に票を投じたのは有効投票数の三六パーセントに過ぎなかった一方で、「複数の左派」は全体として四二パーセントを獲得したのである。さらに、国民戦線は九五年の大統領選挙での躍進を受けて復活しており、多くの選挙区で鍵を握る存在に返り咲いた。〔第一回目投票の〕その次の週に展開された三つ巴戦は、第二回目投票の結果、右派の決定的敗北に終わった。数か月前には左派が思いつきもしなかったこの勝利は、多くの点で、一九七八年から徐々に確立していった政治的定理を確認したものだった。すなわち、政権の座にいる政治勢力は次回の全国的選挙の際に勝てない、というものである。確かに一九九五年の大統領選挙はその傾向に逆らっているように思われたが、シラクはその時現職の首相バラデュールに対抗する立場を押し出していた。この一九九七年の左派勢力の予期せぬ勝利は――予期せぬとは敗者にとってそうだったのが――八六年や九三年の政権交代を想起させるものだった。唯一違う点は、一九九七年は、五年間におよぶコアビタシオンが始まったことを意味していることとだった。シラクが当選してからたったの二年後の九七年に、政権の衰退が明らかになったのである。さらに、国民戦線の選挙結果の好調さと棄権票の高い水準での維持は、代表制の危機がずっと続いていることを示していた。

3　憲法の文言は国家の禍か

それに続く時代は五年にもわたるコアビタシオンの時期であり、このような危機を消し去ることにはつながらなかった。むしろ、改めて第五共和制のパラドックスがここで明らかになったのである。第五共和制の制度は、一九九七年春の総選挙によって二重の正統性を獲得して状況をコントロールできたように思われたのと同時に、その弱体化が根本から進んでいることも明らかになったのである。確かにシラク大統領は二年前に人民主権による洗礼を受けており、それに異議申し立てをしようとする者は誰もいなかった。しかしこの一九九七年の総選挙によって、議会の多数派は大統領とは敵対的な政治勢力によって占められることとなり、シラクは九五年の大統領選挙で争った社会党第一書記のジョスパンを首相に任命した。七年の大統領任期の非常に早い時期にこのような状況が出現したことによって、コアビタシオンとしては同じでも、二つの先例とは異なった局面が出現することになった。シラクが受けた衝撃は、この新しいコアビタシオンが五年間も続くことが予想されたことを考えれば——というのも、一定程度の期間を置けば、もう一度議会の解散をすることは憲法の条文上は可能だったが、政治的には難しく思われたので、さらなる議会の解散はありえなかった——以前にもまして強いものだった。このような状況を一見するとやすやすとコントロールしてしまうのに、目には見えにくい間接的な悪影響をその状況そのものが生み出すところに、パラドックスがあった。世論はアプリオリには敵対的でもなければ抵抗的でもないはずだが、すぐに多くの面で当惑に陥った。極右は、左右間での暗黙の了解が共有されていることを非難した。そのような暗黙の了解はこの状況下ではありえることと受け止められただけでなく、そのことによっていっそう政治的代表制の危機が深まった。とはいえ現実は逆に、右派と左派は、頑ななまでにお互いに対する非難を貫いた。お互いがお互いに、自分以外の陣営は、危機が続かざるを得ないように国家再建の努力をサボタージュしているのではないかと疑ったのである。そのコアビタシオンの期間が危機の性格を例外的なものとしているならば、左右双方が繰り広げたお互いへの非難は――それらは相矛盾していたとしても――第五共和制そのものに責任があるとされた。根本的な改革が必要とされ、状況一般の悪化によってすぐさま改革を実施することが求められた時に、第五共和制が欲したのは何もしないことだった。第五共和制のこのような危機的な状況は、何人もの文筆家が記したように、「第六共和制」を話し合う時が来たかのようだった。このテーマがつねに同じ意味を指すとは限らなくても、その事実は示唆的である。すなわち、一九九〇年代末に、ある種の反転が起こり始めたと考えた人が出てきたということである。第五共和制は近代化と効率性という用語とともに出てきたとその時まで多くの人びとから考えられていたが、意味論的にも政治的にも赤字を抱えていた。もはや第五共和制は無力だと非難するのは極右だけでなくなり、政治家層や知識人層も、第五共和制の問題診断力と問題解決能力に疑いを持ち始めたばかりか、この国民的共同体の中で進む危機の責任〔を負うのは第五共和制そのものである〕について考え始めたのである。第五共和制憲法の文言がひょっとすると、少なくとも部分的には、国家の禍に責任がある、と。まさにここに、第五共和制のパラドックスがあった。第五共和制は、その体制の本質〔大統領を国家首脳とする執政権優位の政治体制〕を保持すると思われたコアビタシオンにおいて政権交代をコントロールしつつも、同時にその設立以降積み重ねてきた信頼という資本を失い始めたのである。

さらに、第五共和制の衰えは徐々に明白になっていき、多様化するその症状はよりまとまりのないものになっていった。一方で、ミッテランの大統領任期第二期目の最中に起きた「スキャンダル」の後は、右派の方がこの種の状況に対峙しなければならなくなった。シラクは、彼がパリ市長を務めていた時代に提訴された司法手続きを気にかけていた（ただし大統領任期中は不逮捕特権があったので、直接的な心配をしていた訳ではなかった）。他方で、右派も左派も、政権の座にある党は、みずからの陣営をまとめ上げるのに苦労していた。議会内の右派勢力は一九九七年の後も続く選挙結果の不振（一九九八年の地域圏選挙、九九年のヨーロッパ議会選挙）によって弱体化しており、右派の内部でも、RPRとUDFとのあいだの関係も複雑なままだった。左派に関しては、ジョスパン内閣の最初の施策は何よりも大衆受けするものだったが（一週間当たりの労働時間の三五時間への縮小、一万人近い「若年雇用」の創出）、「複数の左派」内部の方向性の食い違いはすぐに明らかになり、それはジョスパン内閣の駆け引きの余地を狭めることになった。さらに、やがて地平線には二〇〇二年の大統領選挙が浮かび上がり、フランスの政治は、来たる選挙の決選投票でシラクとジョスパンが戦うことがもっぱらの噂になった。この時、これまで棚上げされた政治的季節といっていいような状況が到来した。そのような状況の中で、シラクとジョスパンの陣営は互いに観察しあい、距離を取り合った。そのことは、イモビリズムと無力さの印象を付け加え、極右政党や既存政治への抗議勢力を掻き立てたのであった。

その間に、第五共和制が修正の試みを行なっていたのは事実である。大統領選挙と国民議会の総選挙の日程を合わせることで、大統領選挙と議会総選挙における多数派形成の潮の満ち引きをコントロールすべく、大統領の任期を〔七年間から〕五年間に削減することの成否を問う国民投票が二〇〇〇年九月二十四日に行なわれたのである。しかし、やはりここでも、このようなイニシアティブからパラドックスに満ちた状況が生じた。この国民投票は非常に重要な論点に触れるものだったのにもかかわらず――

五年任期の導入は実際に制度的な連鎖反応を引き起こした——、この投票はまったく人びとの関心を呼ばなかった。確かに、投票した人たちの七三パーセントが任期削減に対して賛成したが、有権者総数の七〇パーセントがこの選挙を棄権したのである。この五年任期制への移行によって、第三共和制の憲法が採択された一八七五年にまでさかのぼることができる伝統は、終わりを迎えた。[1] 短期的には、五年への任期の削減は、体制の制度の中核に触れるものであり、長期にわたって議論されるのがふさわしかった。幾人かの論者のあいだで見られたように、新聞報道はほとんど盲目的に改革の必要性を訴え、そしてある種の逆効果によって、人民主権からその最高権力と決着をつける権力を奪ったように思われた。その結果は、人心の離反だった。そして、一九六二年以降の最初の重要な政治的変更は、それが何をもたらすのかをよく考えないという無関心さの中で行なわれた。その一年半後の二〇〇二年四月、大統領選挙の第一回目投票が、照明弾となって現状を照らし出した。政治状況はさらにいっそう悪化していることが、明らかになったのである。

Ⅱ　二〇〇二年シンドローム

（1）ここでいう伝統とは、一八七五年の憲法において定められた大統領の任期が七年であることを指す。この七年間の任期は、その後一〇〇年近く守られ続けたので、五年制への移行は大きな断絶を意味するはずのものであった〔訳注〕。

四月二十一日に、ジャン＝マリー・ルペンが獲得した票数は、雷鳴のように鳴り響いた。いろいろ考えると、ジョスパンが得た票数が歴史的に低かった（一六・一七パーセント）故に、ルペンの決選投票への進出はどうしようもなかったとも言えるし、ルペンが九五年に集めた票数と比べればその伸びというのは実に僅かだったとも言える。そうは言っても、同党のナンバーツーだったブルーノ・メグレの離党によって国民戦線は前年から明白な後退状況に陥っていただけに、ここでルペンが四八〇万という票を集めたことは、充分な驚きを引き起こした。メグレの離党に伴う国民戦線の分裂と幾つかの中間選挙の平凡な結果から、国民戦線は低迷していると考えられていた。それゆえ、国民戦線はかつての政治的風景の名残のようなものであり、極右の政治勢力が高揚したときの遺跡となったと思われた。もはや誰もが、極右の衰退は不可避と考えたのである。だが、高い棄権率と分散した候補者によって、遺跡と思われたこの勢力は、五〇〇万に届こうかという票を集めた目を見張るような埠頭となり、国民戦線を第一回目投票の第二位に、すなわち決選投票へと送りだしたのである。

1　ポピュリズムと大衆層

二〇〇二年は、明らかにルペンの政党を活発化させた。経済的な回復が数年間続いており、また失業者数の減少も始まっていたのだが、それにもかかわらず危機はつねに続いており、ポピュリストの指導者と大衆層の政党が出会い、選挙結果も躍進する土壌が作り出された。大衆層は社会的骨折の最前線で作られ続け、経済的な好転が一時的に起こっても、減ったりはしなかった。とくに、大衆層は治安の悪化という問題に非常に敏感だった。一つの論争がこの治安悪化に関して大きくなっていた。この治安悪化というのは客観的な事実なのか、それとも特定の政治的指導者によってデフォルメされ操作された認識によって増幅されたものなのだろうか。どちらであっても、一つの事実は動かない。それは、この治安悪化は、現実のものであれ想像されたものであれ、失業者を前にして、選挙結果を占うアンケート項目として——このような項目は投票とその動機を結び付けるものであるが——しばしば位置づけられたことである。

ここにこそ、政治的代表制の赤字の徴候が現われていたのであり、その赤字は一九九五年以降さらに悪化していた。財産や人びとの安全を保障することは、（直接的に脅かされていない場合の）国土防衛や正義といったものよりも、ずっと人びとからすればより直接的に認知される国家機能だった。このような安全がもはや保障されなくなった場合、国家の権威が傷つけられることとなる。なぜならその場合、国家はもはや無力で、さらに悪いことに、応答力も欠いていると思われるからだ。このような文脈において、危機にさらされる大衆層は、不安定な経済を密かに支える存在としてみずからを認識することは最早なくなり、放心状態の公権力に忘れられた存在として自己を認識するようになったのである。二十一世紀の初頭にあって、フランスは世界のなかで最も豊かな国のひとつではあったが、大統領選挙の際に表明されたのは、苦しみだった。その苦しみとは、公権力によって庇護されている空間から追い出されたという感情だった。真偽はどうあれ、フランス人の一部は、国家から充分守られているとは最早感じなくなったのだ。フランスの政治文化において、共和国とはだれもがそこに結集し、保護し、そして安心を与えるものだったのに、である。

このような政治的赤字を前にして、ポピュリズムの立場は有利だった。自由民主主義の枠組みにおける政治とは管理と可能な限りの競争を意味するが、それ以外にも呪文という論理も同様に存在した。危機の時には、特定の有権者にとっては代わりとなる解決策と思われるからである。しかし二〇〇二年四月二十一日の投票が引き起こした問題は、ポピュリストの圧力が要因となって生まれた衝撃だけではなかった。それはより一般的に、一九八〇年から始まり九〇年代に増幅した政治的代表制の危機の悪化を確認したものだったのである。この二十年間のあいだ、フランスは有権者の四分の三が政権担当可能の大政党に投じた時代から、新しい政治的配置の時代へと移っていった。新しい政治的配置においては、棄権票と極右・極左に対する投票を総計すると、過半数の有権者が、棄権するか、もしくはみずからを政治システムの枠外の存在に位置づけたり政治システムそのものを拒絶する〔極右・極左の〕候補者に投票するのである。

2 新しい争点

このように考えれば、二〇〇二年四月二十一日の意味を、偶発的なルペンの大躍進だけに限るべきではない。この日に起こったのは、まさにフランス症候群（シンドローム）である。この「フランス症候群」が意味することは、同じ方向に収斂するいくつもの症状のかたまり――安全が確保されていない感情はその一つに過ぎない――である。それは根深い危機を反映し、それ自体がナショナルな生態系の修正全体と結びついている。これらの症状は、言葉の語源的な意味で、[1]一つ一つが新しい争点を反映していた。すなわち、フランス症候群は、ナショナルな共同体の存続にとって決定的な時期に問題となっているものなのだ。

（1）「争点 enjeux」の語源が、「問題となっている en jeu」から来ていることにかけている〔訳注〕。

第五共和制の誕生からその存続が半世紀を過ぎるあいだに、幾つかの争点の本質は変わってしまった。そのような変化は、住宅問題とその政治的影響における、ほとんどカリカチュアといってよい程の描写に見出せる。一九五〇年代中ごろまでの住宅問題は棚上げ状況が続き、たとえば五四年のピエール神父による呼びかけ[1]を引き起こしたが、続く六〇年代にはその遅れを取り戻すための幅広い計画が実行されることとなった。そのような都市計画のプロジェクトは大都市郊外の周辺区域が一番の対象になり、きわめて密集した土地利用へと行きついたが、当初は好意的に受け止められた。「大住宅団地」は、農村からの流入者によって膨れ上がった人口を都市のなかに吸収することを容易にするばかりか、住民にとっても快適さや衛生面での改善は疑いようもなかったからである。しかし、その不便さは急速に表面化していった。「ベッド・タウン」は居心地の悪さや憂鬱さを生みだすことになるからである。そうは言っても、六〇年代後半には、生活水準の向上や日常生活の全般的な改善によって、そのような憂鬱さは和らげられ、それを認識するのは遅れることになった。一九七〇年代中盤以降の危機の発動によって、「大住宅団地」の問題は急浮上するだけでなく、その時までよく知られていなかったこの問題はさらに大きくなっていった。

（1）一九五四年二月一日に、カトリック司祭のピエール神父がラジオでホームレスの救済を呼びかけた。この年は厳冬であり、従来からホームレス支援を行なっていたピエール神父の訴えに対して、多額の寄付金が寄せられたばかりか、政府の貧困者向け住宅建設政策の推進に大きな影響を与えたと言われる〔訳注〕。

このように、危機が拡大するとそれに伴ってさまざまな問題が露呈するが、それはある種共通するいくつもの要因によって説明されている。一方で、第五共和制初期においては、生活が困難であっても、一九六〇年代と七〇年代初頭の経済成長がもたらす幸福感効果によって感覚が麻痺していた。しかし他方で、〔栄光の三十年が終わると〕不動産価値はすぐに低下し、さらに住居問題は失業率の急激な上昇によって急速にかつ深刻な打撃を受けやすいだけに、とたんに生活が困難であることの問題が再登場するのである。このような失業率の上昇は、その間に起こった「場所の社会学」の変化によってさらに悪化した。すなわち、一九六〇年代に豊かさを手に入れた〔集合住宅の〕最初の住人は、低層・高層の集合住宅から離れたが、七〇年代になると、これらの集合住宅に残されているのはしばしば移民労働者となった。移民たちは妻や子供を養うことで、家族の再集合過程が始まるのである。このような一五〜二〇年前に整備された地区では、親世代の増大する失業状況とともに、移民の第二世代の統合が難しくなっていった。それは、社会的な危機の程度に関する、最も目に見えやすい指標の一つだった。一九八〇年代初頭のヴェニシュー市のマンゲット地区で若者と警察官とのあいだで繰り返された衝突[1]は、新しい形の社会病理がメディア上に現われた――というのもこの事件は映像報道によってきわめて大きく増幅されたからだ――最初の兆候だった。住宅危機は試練でもあるのと同時にシンボルでもあった。

郊外《バンリユー》という言葉は、土地開発を表わすものから次第に秩序の維持を表わすものへ変わっていったのである。この時まで、〔住宅と郊外に関する問題のなかで〕優先すべき問題は何よりも、自宅と職場とのあいだの行き来を強いられる大都市近郊居住者の通勤と日常生活の問題であった。しかし、「集合住宅地区《シテ》」「地区《カルティエ》」「若者」といった用語は、この時から意味論的な爆発性ガスを構成するようになり、政治指導層は徐々にそれを知ることとなる。さらに八〇年代以降は、文化的な分断も同じく進むようになり、これもまたあっという間に政治的な争点になっていくのである。危機が作用し分断化が進む社会において、都市住民は、まとまりのない「シテ」の寄せ集めとなる恐れはなかったのだろうか。この問いは、都市住民がフランスの人口の大半を占めているからこそ、いっそう根本的なものだった。

（1）ヴェニシュー市はリヨンの郊外に位置し、マンゲット地区は一九六〇年代に低所得者層向けの集合住宅の整備によって誕生した典型的な大都市の「郊外」で、その住民の多くはマグレブ系の移民だった。一九八三年に移民系の若者グループと警察とのあいだで大規模な衝突が起こり、この問題は全国規模の反人種差別運動へと発展した〔訳注〕。

3　世論のデモクラシー、公共のデモクラシー

この頃同時にフランスは、グローバリゼーションの最初の影響を受け始めていた。グローバリゼーションは不安の源であるばかりでなく、ある時は、職業的な不安定要因でもあった。同時にグローバリゼーションは、世界‐文化の設立と結びついた社会文化的な帰結でもある。というのも、一九六〇年代以降、この地球は、中継された映像と増幅された音声によって家庭と直接的につながった巨大な一つの

広場へと少しずつ変貌していったからである。とくに重要なのは、自然的なものであれ政治的なものであれ、幾つかの暴力的な出来事である。世界の不幸はこの世界‐文化の中に沈着していき、自然災害のみならず人間が引き起こした惨事がこの広場に中継され展示されるのである。このような状況は第五共和制内部の制度的構造に明白に関係している訳ではないが、実は社会的で集団的な不安現象を増すことにつながっており、そのような現象が不安定化作用を生みだすことは既に指摘した通りである。繰り返し再生される中継映像は、健康や疫病に対する昔からある恐怖心を刺激し、非合理的感情を醸成し政治を不安定化させる痙攣を生みだすのである。自由民主主義体制の指導者は奇跡を生みだす王様ではないばかりか、自然の脅威を前にして無力である姿をさらけ出し、世論に対する魔術をいっそう失うことになるのである。一九八〇年代以降、エイズの伝染とそれに対する報道の反響が大きかった時期にフランスでなされた提訴は、犯された過ちを超えて、精神政治の撤退の大きさを物語っていよう[1]。やがて登場する予防原則[2]は、この時からますます不安になっていき理性を欠いた発作に脅かされる社会を、第五共和制がコントロールしなければならなくなった事実を反映していた。

(1) フランスでは一九八〇年から八五年のあいだに、HIVウィルスに汚染された血液製剤の投与による輸血感染が大規模に発生し、五〇〇〇人近い被害者を出した。フランスにおける血液製剤の作成を一手に引き受けていた輸血センターの担当者は汚染を認識しながら不作為により被害を拡大させたことが九〇年代に入って内部告発で明らかになったため、この事件は政治問題化し、多くの訴訟が引き起こされた〔訳注〕。

(2) ある物質や新技術等が環境に悪影響を与えることや人の健康を損なうことの科学的因果関係が充分に実証されていなくても、人や環境への深刻な悪影響や不可逆的な変化を引き起こすことが予想される場合、その使用を予防的に規制することを可能とする考えを指す〔訳注〕。

この世界‐文化とそのナショナルな影響は、テレビカメラがこの時期に権力を獲得し、センセーションを巻き起こす能力を獲得したことを確認するものだった。テレビカメラは、社会的な結合を作り出すのだろうか。国家の議論が明晰さを獲得し、民主主義体制──すなわち第五共和制──に一体性を確保させている広場《アゴラ》のようなものを打ち立てているのはテレビカメラなのだろうか。映像と音声の濃密さは、物事の意味を補完するような現実をもたらすのだろうか。それとも反対に、人類学的入浴となった大衆文化〔大衆文化がかつての社会に存在したどの文化よりも強い浸透性を持ち、社会における価値や規範に対して深く影響を与えること〕は、政治的代表制の原則に逆効果をもたらすのだろうか。それとも、それは自由民主主義の変容の始まりなのだろうか。自由民主主義は、「世論の民主主義」や「公共の民主主義」〔ベルナール・マナン〕になる途中ではないだろう。マナンが言うところのこれらの用語は、同時代に起こった変化に対峙した社会科学者、とりわけ政治学者によって練り上げられた言葉である。複雑で多様な形態をとるプロセスの全体的な分析を歴史学の分野で試みるのは難しいかもしれないが、しかし政治の文化史の発展や同時代史の蓄積によって実証的な総括を行なうことはできる。合理的計算と可能な限りの競争は、自由民主主義のアイデンティティとその機能の中核に位置するものだが、次々と起こる世論の痙攣によって阻害される危険性があった。世論は、テレビに映し出されるこの人類学的入浴にどっぷりつかり、その波に翻弄されていたのである。

その帰結は、ほとんど自動的に、非常に神経質的な社会と、公明さを欠いた政治的代表制の機能の出現だった。意見の不一致の表明と、可能な限りの競争のコントロールは、メディア上の舞台とは異なる広場《アゴラ》で長年なされてきた。すなわち、学校の中庭や議会の演壇、もしくは出版物といったものは、政治的な意見の表明と受容を同時に行なえる伝統的な場だった。これらの伝統的な場は、参加と持続的支持を得るために必要なこの二つの条件を兼ね備えることで、説得し、明確にすることが可能だったのだ。権力は、「武力によって押しつけるのを放棄しても、言葉の回路を通す」（ジャン・スタロバンスキー）。メディアの拡散によって生み出されたメディア的感情によって、古典的な政治「言語《ランガージュ》」の形式は省略されることとなった。人に受けるためには簡潔でなければならず、このような簡潔さが何よりも優先されることによって、パトスがロゴスよりも好まれるようになったのである。パトスとは感情を第一にするものであるのに対し、ロゴスとは理性を用いた分析と人間集団および民主主義の基礎に対する集団的な問題を適切に表現することである。このような問題の複数の解釈ならびにその解決策を提案された市民が、異なる考えのあいだで裁定を下すことを可能にするために、政治的代表制のプロセスは存在する。〔民主主義的なしくみの下では〕決まりと承諾、紛争とその解決などすべての物事は、長いあいだ、ロゴスの組織化された衝突、すなわち言語で表出され構築される言説間の議論を通じて明らかになる人びとの対立を通してなされてきた。ロゴスが徐々に弱体化していることによって、共和国においてこれまで存在しなかった一つのモデルケースが登場することになる。それは、市民が権力に反対するのではなく、部分的に原子化した社会が権力に対して反対するというモデルケースである。そのような社会は、権力に対しても、また権力を打ち立て、正統性を与え、そして同定するような言説に対しても、外部の存在としてみずからの身を置くのである。

Ⅲ　画期としての二〇〇七年?

このような原子化は本当だった。なぜなら、メディアの問題は、即時的な影響の視角だけから検討されるべきものではないからである。その背景には、映像と音声を基盤とする大衆文化こそが、フランス社会の中で徐々に生命を授かっていき、社会そのものに誘導的な効果を持つようになったことがあった。このようなコミュニケーションの拡散は、連帯と社会的結合に影響を及ぼさざるを得なかった。近しいものとの連帯は、空間的に拡散した連帯の代わりに徐々に減少した。つまり、個人はそれまで社会的結合の中核に位置していた身の回りの環境から孤立すると同時に、距離が離れた者とのコミュニケーションの形をとる新しい身の回りの環境――それがヴァーチャルなものであれそうでないものであれ――に、いっそう依存するようになったのである。このような変化は、それ自身がフランス社会における根本的な変革の母体であった。フランス社会は、社会文化的な標準化が進行したことでより同一的になった一方で、同時にそれぞれの近しい人との関係が崩壊したことで、連帯性は薄れていっているのである。

1　構造的な弱点?

フランス社会は、このような巨大な変動が規範と価値の根本的な変化を引き起こした点からも、いっそう政治の外在化に晒されるようになった。六〇年代以降「伝統的規制の危機」(ミシェル・クロジエ)が始まった。すなわち、本質を異にするさまざまな制度、たとえば教会、労働組合、アソシエーション、もしくは家族は、それぞれの固有の機能のほかに、規範や価値の受託者や管理者の役割を担い、そのような〔規範と価値に基づいて社会機能をコントロールするという〕規制に対して直接的であれ間接的であれ影響を及ぼしてきた。そのような諸制度が揺らぎ、やがてズレが生じていったのだ。歴史的な視点から見れば、フランスは豊かで都市化されたが、これは対照的な経済と農村に基盤を置くフランスから急速に受けつがれたものだ。そのようなフランスにおいて、社会階層だけが変化したり生活形態だけが一変したりしたのではない。規範こそが、このような巨大な変容の中核に位置しているのである〔つまり最も変化したのは規範である〕。かつての、死や重病、後遺症を残す事故が家族にどうしようもない不幸をもたらす社会においては、たとえば倹約や将来に対する配慮といったものは枢要な徳であり、人びとをつなぎ止める価値であった。しかしそれは、完全雇用や健康保険や社会的所得移転によるナショナルな連帯が確保されている社会においては、徐々に消え去っていったのである。社会経済的な制約の緩和がもたらすものは、徐々に集合的行為において目に見えるようになっていった。消費における倹約や将来に対する配慮から来る止むことのない懸念といった規範は、明示的であれ黙示的であれ、このような過去から切り離された新しい規範に取って代わられたのである。新しい規範とは、人びとの需要や要求の実現は後回しにするのではなく、むしろ今すぐに——お金の力で——充足することだった。より一般的に言えば、権威を体現し確保する制度に対する新しい態度と、伝統および禁則事項に対するこれまでとは違う態度の両方が、同時に姿を現わし始めたのである。

このような規範と価値のゆがみが増え続けたことで、かつてのフランスを受けつぐ価値・規範――シュテファン・ツヴァイクが一九一四年から一八年までの大動乱〔第一次世界大戦〕の前のヨーロッパを「昨日の世界」と呼んだような[1]――と栄光の三十年で生まれた社会とのあいだに、日々ズレがほとんど自動的に生じた。このゆがみから本当の行き詰まりが生じた。一九六八年が、その行き詰まりを可視化したばかりか増幅までした。七〇年代を通じてこれらの行き詰まりの幾つかを解決したことは、フランス社会がその衝撃波を吸収する能力があることと、第五共和制がそのことでより強くなったことを示した。第五共和制は、フランスにおける一大変容をコントロールできる適性能力があることを証明したのである。と同時に、パラドキシカルにも、この疑いのない成功は、成功を喜ぶ第五共和制の遺伝子配列に構造的な弱点のようなものを間接的に書き込むことになったのだ。この構造的弱点は、二、三〇年ののちに明らかになる。

(1) シュテファン・ツヴァイク『昨日の世界』、みすず書房、一九九九年〔訳注〕。

強力で持続的な成長の時代には、経済的な規制緩和こそが、社会的コントロールの緩和を容易にし、かつ加速化させた。一九六〇年代から七〇年代にかけて経済的に豊かになったフランスにおいては、安全が確保された状況とその地位は永続するものと大多数の人びとに思われるようになった。そのようなフランスでは、経済的に相対的に貧しく社会の安全が確保されにくい文明に由来するこれまでの規範と価値は、徐々にその存在理由を失っていったのだ。しかし、この圧倒的な経済成長と社会文化的な変容とのあいだの因果関係は、栄光の三十年が遠ざかり、その時代を生きた世代の思い出が網膜に焼きついたようなイメージになるにつれて、徐々にアクチュアルになったある決定的な問いを導くのである。その問いとは、危機がいつまでも続き社会を深く浸食するようになった一九八〇年代以降のフランスにおいて、一体いつ新しい振る舞いと新しい価値が根を下ろしたのか、歴史的な安定性がはかられた瞬間はどこなのか、というものである。錨を下ろしたポイント、価値、安定性、危機、社会の浸食。これらは、ここで関係する社会政治的な一つの生態系全体を成り立たせている諸成分である。そして、シンドロームという隠喩は、ここで正当化された〔シンドロームの名でかたられた不具合は、このような新しい行動と価値が定着したことで、その存在が明確に認知された〕。

2　鏡としての二〇〇七年

〔ルペンの大統領選決選投票への進出から〕五年後の二〇〇七年の大統領選挙において、このシンドロームは消滅したのだろうか。本書の「はじめに」で強調したように、歴史家は、状況から基底となる力を抽出し、本質と二次的なものを弁別し、何が継続性をもたらし何が変化の前兆となるのかを看破するために、一定程度の距離を取らなければならない。したがって、同時代的な特徴を洗いざらい点検することは、歴史家にとって本質的に困難な任務である。しかし、何十年もの年月を貫く視座を導入すれば、歴史家が苦手とする同時代的特徴を、歴史家にある種の理解を与えるクロノロジカルな視角の中に置きなおすことが可能となるだろう。

このような視座を導入してわかるのは、第五共和制の決算の時が来たということである。それは、第五共和制がその設立から半世紀を通り過ぎようとしているからだけでなく——いやそれはもう過ぎたのだが——シンドロームという隠喩の様態ゆえにである。これまで分析されてきたような理由や、世代間的な本質に関わる理由から、政治体制の変貌〔第五共和制の登場〕において、まさに転換点があったのだ。ただしその転換とは、ある正確な一点でなされたというのではなく、ある一定の時間幅を明らかにする。その時間幅を超えると、第五共和制の成立を可能にした諸条件がもはや直接的には第五共和制に影響を与えなくなった。実は、第五共和制にとって二十一世紀の最初の十年が歴史的に重要なのは、このシンドロームの本質ゆえである。なぜならこのシンドロームとは、第五共和制の生態系を構成するさまざまな要素のあいだでズレが大きくなっていることから生まれるものだからである。このようなズレを適切な状態に戻せるかどうかが、深刻な問題となっているのだ。

この点につき、二〇〇七年の大統領選挙の研究は、この問いに答える要素を提示しているだろうか。二〇〇七年の大統領選の前に、二〇〇五年五月にヨーロッパ憲法条約に関する国民投票《レファレンダム》があり、これは政治代表制の危機が継続していることを示すもう一つの契機であった。五五パーセントのフランス人が憲法条約を拒否したが、その理由はさまざまであり、一端には提案された憲法に対する敵視姿勢があった。このレファレンダムにおける拒否は、以前より一層強い抗議的な投票行動を示していた。なぜなら、政治層の大半はこの憲法草案に対して肯定的な立場にあったからである。〔人びとと政治層のあいだの〕溝の幅は、九二年九月のマーストリヒト条約に関するレファレンダムと比較することで測ることができる。

マーストリヒトの時には「ウィ」がかろうじて過半数を占めたが、少なくとも投票が成功したことによって明らかになったのは、抗議的な態度によって揺らいでいたのはフランス社会の一部に過ぎなかったことだった。これに対して二〇〇五年では、「ノン」の勝利は、フランス社会の中で新たな乖離が進んでいることとの証左であるという点で、識者の意見は一致している。つまり、中間階層の一部が、本当の社会政治的な病によって倒れてしまったのだ。さて先に見たように、このような中間階層は栄光の三十年以降のフランスの骨格を形作っている。指摘されていた政治的デフレーションは、こうして、ナショナルな共同体の中核を侵したのである。

二〇〇七年の大統領選挙は、悪化した政治的デフレを確認するようなものだったのだろうか。これまでにも述べたように、歴史家は同時代には結論付けることが出来ない。そうは言っても、フランスの政治的営みの構造的な契機となっている状況の中で観察されるのは、二〇〇二年と二〇〇五年に照らし出された、逆の意味でシンドロームに至る幾つもの兆候である。二〇〇七年の大統領選挙における二回の投票率は、第五共和制の初期における投票率を思い起こすものだった。極右の国民戦線は二〇〇二年の獲得票数の再来には程遠く大敗北を喫したのに対して、〔右派のサルコジ、左派のロワイヤル、中道のバイルーの〕三人の主要候補者への票数は、合わせると投票総数の四分の三を占めた。さらに、UMPの候補者のサルコジと社会党の候補者ロワイヤルの二人で五七パーセントの票を獲得したのである。二〇〇二年の大統領選挙の時の、シラクとジョスパンで三六パーセントの票しか獲得できなかったときとは大きな開きがあった。バイルーが注目すべき結果を残したにもかかわらず、社会党とUMPによる二極化は支配的であり、それは一か月後の国民議会の総選挙でも確認された。それゆえ、サルコジの五年任期が始まるに当たって、次のような質問が識者から寄せられることになるのは当然だろう。この二〇〇七年とは、二〇〇二年のシンドロームを中和化するような大きな逆作用が働いたのだろうか、それとも、第五共和制の生態系の危機の傾向が続く中で例外的な出来事が起こったに過ぎないのだろうか？

(1) Union pour le Mouvement Populaire——民衆運動連合〔国民運動連合とも訳される〕。二〇〇二年四月に、大統領選挙を前にして右派・中道勢力の再結集を目的にＲＰＲを刷新する形で設立された保守・右派のド・ゴール派政党〔訳注〕。

Ⅳ　五年の後(1)

それから五年の後、二〇一二年の大統領選挙はこの質問に明確な答えをもたらすものに思われた。現職大統領〔サルコジ〕は敗北し、国民戦線の得票は復活し、棄権票は向上したが、同じことが大統領選に続く国民議会の総選挙でさらに印象深く増幅された。総選挙の第二回投票では登録有権者の四四・六パーセントが棄権した。確かに、過去十年間のあいだに、次のような現象は古典的なものとなった。大統領選挙の影によって議会総選挙は二次的なものになり、強い動員の跡がうかがえることである。しかし、詳細に比較してみると、赤字がむしろ増大していることがうかがえる。二〇〇二年の総選挙の第二回目においては、棄権率は三九・七パーセントだったが、二〇〇七年は四〇パーセントだったのである。

（1）本書は二〇〇八年に第一版、翌二〇〇九年には第二版が出版された後、少し間をおいて二〇一三年に第三版が出版された。第三版ではこの第五章第四節が加筆されたことが第二版との大きな違いになっている〔訳注〕。

二〇一二年春の選挙は、一義的な方法で分析することは出来ない。確かに、第一に、総括は決定的のように思われる。すなわち、二〇〇七年は括弧挿入でしかなく、根深い危機が重苦しくも続いている傾向はまたも証明されたのである。第五共和制の生態系は強い混乱の時期においても継続している。と同時に、歴史家の任務は偶然的なものから構造的なものを識別することであるが、混然した同時代性を考えると、これは容易な任務ではなくなってしまった。ところで、このような視点からみると、このような識別は一層複雑な傾向を示している。二〇〇八年以降、サルコジとフィヨン首相によって実施された政策は、大西洋の向こう側からやってきた財政危機によって直接的かつ根本的に崩壊の危機に晒されることとなった。大統領選挙の時に発表された「断絶《ルプチュール》」は、まさに断絶してしまった。それは、シラクが一九九五年に発表した「社会的骨折」に対する闘争がユーロ導入と結びついた至上命令によってあっという間に折れてしまったのとまったく同じである。したがって、二〇〇七年から一二年までの一連の場面は、必要なクロノロジカルな距離を取れないので、分析するのは非常に難しい。その解釈や、二〇〇八年の憲法改正の影響の範囲がどのようなものであるのかは、今のところ複雑なのである。

しかしながら、二つの事実は二〇一二年春の選挙の後も明白であり続けている。一つは短期的な事柄についてであり、もう一つは中期的な事柄についてである。第一には、制度的なゲームが再度行なわれ、政治的な交代が実現したことである。さらに、勝利した社会党は選挙を経たことで強い地位を確保することに成功した。社会党は、統計学的には非常に弱い状態のパートナーと連合を組み、国民議会で絶対多数を確保した。さらに、社会党は二〇一一年秋から上院でも多数派を占めている。さらに、中間選挙を通して、地域圏の大多数と幾つかの大都市と県において勝利を収めていることを付け加えると、このような勢力の配置は第五共和制において前例がないという総括が浮かび上がるのである。

しかし他方で、中期的に見れば、危機の構造的傾向はずっと続いている。視線を捉えなおすと、将来に向けた逆転した投影がなされている。これまで見てきたように、第五共和制は何よりも第一に、四つのP〔二〇六頁参照〕の特質の下で登場したものだった。そのうちの平和（paix）は六二年から実際そうなったし、進歩（progrès）は美しい明日を約束した。半世紀が経ち、これから望む地平線には暗い影が落とされている。今日は病気をもたらし、明日は不安を惹起する。ただ昨日だけが幸いなのである。ここには「歴史的な大いなる脆さの自覚」が背景にあるのである。イギリスの歴史家ホブズボームが一九一四年以前のハプスブルグのヨーロッパに与えたこの言い回しは、多くの点で二〇一二年のフランスの公的精神を特徴づけるに相応しい表現である。

国家（La Cité）は、〔その本質として〕共生という意味がある以上、このような公的精神の放棄によって傷付かざるを得ない。その中で広場《アゴラ》、すなわち政治的舞台とその制度的枠組み――別の言葉で言いかえるなら第五共和制――は、錨を一つのポイントに落とし続けているのだろうか。それともその反対に、機能不全を導いた不調の要因だけに留まらず、その崩壊を導く要因が体中を駆け巡っているのだろうか。

結論

第五共和制を研究する歴史家として、現時点での結論は暫定的なものにならざるを得ない。制度的配置と社会文化的基礎とが混じり合ったものといえる社会政治的な生態系は、生きている組織である。その生態系が特定の状況下で出現し、与えられた条件下で発展し、と同時にそのような条件が変わった時に変容・変質し、そして条件そのものが変容していく様をわれわれは見てきた。歴史家は神ではないので、その任務に予言は含まれていない。生態系の構成物（制度、社会、共有された価値）は同じリズムで変化する訳ではなく、しばしばそれらはお互いにずれてしまうために、いっそうそのような予言は困難になっている。政治システムの歴史とは、成功したものであれ失敗したものであれ、制度的な仕組みとそのような制度を支える社会文化的な土台とのあいだでなされる政治的な調整の歴史である。規範と承認とは、体制の合法性と正統性の基盤であり、場所や時期によって多少なりとも必要となるこのような調整を受けて生まれたものなのである。

生態系の分析のためには、生態系が組み込まれその歴史的変容に影響を与えた地理的な単位が引き起こす作用の分析を行なわなければならないのとまったく同じように、そのような変容を説明するためには、この生態系の均衡にも影響を及ぼす時代を下るにつれて《クロノロジカル》起こる出来事を同様に分析しなければならない。生態系の研究は、短期的な視座では策謀に彩られる政治ゲームを通してなされることになろうが、中期的な視座ならばこのようなズレと調整の歴史を通してなされなければならない。さらに、このような歴史そのものが、より多くの意味を与えるようないっそう大きな場面に置き換えられるのである。こうして、第五共和制の半世紀（正確には〔二〇一二年で〕五十四年間だが）を拡大した時間性の中で分析しようとすると、幾つかの側面は異なった光で照らしだされる。共和主義的生態系（セルジュ・ベルスタンおよびオディール・リュデルの表現）は、第三共和制が到来した後、数十年の時間をかけて安定的な社会政治上の構造になっていた。しかしこの生態系は一九三〇年代に根深い危機に見舞われ、一九四〇年五月から六月にかけての〔第二次大戦に際し侵攻してきたドイツに対する〕敗北とヴィシー政権の樹立によって、その危機は一層悪化した。しかしこの生態系は解放の後再活性化し、大戦を戦勝国として終えたフランスの国民国家性に加えて、まだ当時は構想段階だった福祉国家を通じて共和国が具現化されたことで、一層生態系は強固なものになった。一九四六年憲法の前文は、その社会的内容によって、フランスの福祉国家の側面を反映していた。

この第四共和制は、自由フランスの偉業とそれまでの共和国の正統性と弱点を部分的にも受けつぐ五番目の焼き直しとのあいだの記憶の波の中で、今から振り返っても「嫌われ者」であり続けている。しかし第四共和制は、困難な時期がやってくる前に、近代と進歩への信仰を、近代を信仰の保護者と見做すことで、近代と信仰を進歩の中に結びつけることで、共和主義的コンセンサスを再構築するに至った。

フランスで近代化が実行された領域は非常に多岐にわたった。たとえば政治では、一九四六年に新しい制度が打ち立てられ、経済では国有化と計画化がすすめられ、社会では、社会保障が実現された。さらに一九五八年まで、植民地問題が重荷になっていったにもかかわらず、フランスの地平線は移動し始めた。すなわち、脱植民地化によって国土の地理的な領域は縮小したが、その代わりに世界に扉を開いたのである。フランスはヨーロッパ統合に身を投じ、長いあいだ保護されていた経済は新しい形態へと変わり、ヨーロッパおよび世界に拡張することになったのである。

この第四共和制は、ここで分析するには長すぎるさまざまな理由によって、早すぎる終わりを迎えた。しかし、次の体制の到来にもかかわらず、共和主義的コンセンサスが弱まることはなかった。それどころか、第五共和制を創設し、やがてそれを体現した人物〔ド・ゴール〕は、共和制が継続するサインを幾つも示した。新体制を知らしめる日は五八年九月四日だった。この日にド・ゴールはフランス国民に向けて共和国広場で新憲法について計画を発表した。同じくこの日は、第二帝政が崩壊し第三共和制が宣言されてから八八年後に当たる。この一八七〇年九月四日以降フランスは、一九四〇年から四四年までの四年間を除いて、自由民主主義のフランス的形態として共和国を守り続けており、新憲法発表の場所と日時の選択は、非常に象徴的なものだった。それは、一九四六年憲法だけでなく五八年憲法の前文においても、一七八九年の人間と市民の権利の宣言〔人権宣言〕が取り入れられていることからも同様である。そこに込められた意図とは、フランスの民主主義の当初の舞台に立ち戻ることでみずからの体制の系譜を明確に主張し、新しい体制がこれまでの遺産を食いつぶすのではなくそれを有効に運用することを約束するものであった。

第五共和制とは要するに何かといえば、多くの点で、共和主義的合意が定着し続けていることと分析できるであろう。ド・ゴール生誕一〇〇周年を記念して、一九九〇年に組まれた幾つもの学会は、自由フランスのリーダーの人生の検討と言及を通して、ド・ゴールの活動のさまざまな側面に光を当てたという点で、いっそう意義深いものとなった。たとえば、ピエール・ノラは、ド・ゴールの「歴史的役割」とは「右派に共和主義理念を根本的に適用させたこと」であり、「ラリマン[1]の新しい方法」を成功させ、「共和国の再設立」を可能としたという。この点は確かに議論されたが、そのような分析は一般的な総括によってより強固になるだろう。なぜなら、ボナパルティストに敏感な右派は、その時まで共和国と一筋縄ではいかない関係にあったが、これ以降はあっさりと、何の含みもなく共和国に組み込まれるようになったからである。さらに、ド・ゴールという人物を通じて、右派自身が政治的変動の主役になった。ここにも、史学史的には議論に値する点がありえるだろう。しかし、第五共和制の創設においてゴーリスムは、共和主義的合意をその当時定着させ、制度的・政治的な変動の要因であったという事実は動かすことはできない。一九六〇年代初頭のフランスは、一九五八年に生まれ六二年に修正された新しい制度的仕組みに〔国民投票によって〕大規模な賛同を得ることで、この共和主義的合意を効果あるものとしたのである。

（1）ラリマン ralliement（参加や賛同の意）とは、十九世紀末における、伝統的保守勢力であるカトリックに共和国の枠組みを受け入れることを求めた運動のことであり、ローマ教皇レオ十三世の呼びかけが代表的だった〔訳注〕。

この新しい仕組みと新しい共和国の登場は、明らかに有利となる偶然的な作用に助けられた。栄光の三十年の一〇年目以降始まった繁栄は、大多数の人びとに影響を与え、フランス国民は日常生活の中で近代化の果実を得た。政治体制は変わったが、人びとはこの新しい体制のお陰で豊かさがもたらされたと見做したのである。ある意味で、もしくはまさにそのために、第五共和制は国家の近代化とその変容を付随させた政治的構造として、多くの人びとに理解された。そして、この変容が四つのP——平和、繁栄、完全雇用、進歩——として起こったために、第五共和制は穏やかな政治的議論を行なう枠組みと理解されたが、そのような枠組み自体が、それ自身平和な社会によって支えられていたのである。したがって、生態系という用語は、体制の再創設という契機と制度的均衡を充分考慮に入れたものなのである。

さらに、一九五八年の体制変化の射程に関する議論を超えて、広場《アゴラ》を規定する規則の変更は国民による承認のもとで行なわれ、第五共和制に合法的な設立と正統を与える洗礼を同時に与えた。十九世紀の末には、共和国は政治体制として勝利しただけでなくある種の生態系にすでになっていたのと同様に、第五共和制も、制度、変化する社会、共有された世界認識という三つの要素の均衡状態を政治的に翻訳したものとなったのである。すなわち、受容された政治的仕組み、成長と繁栄によって強固になった社会的土台、共通の価値。第五共和制が始まった時、第五共和制とはそのようなものだった。イデオロギー的な議論は当時非常に強かったが、選挙を通じて左右二極化という形に固まることとなった。第五共和制の初期には、フランス共産党は政治的なゲームにおける再統合プロセスに難なく入ることができた。第五共実際は、「ブルジョワ」民主主義や「形だけの」自由に反対する極左は第五共和制に対して攻撃を加えていたが、そのような批判は体制の本質やフランス社会の本当の状況を本当に認識していたものではなかったので、呪いの言葉以上ではなかった。それゆえ、極左からの批判はきわめて狭い幾つかの人間集団以外で高ぶることはまったくなかった。

しかしながら一九八〇年代に入ると、生態系は均衡が取れなくなる兆候を見せ始める。第三共和制がその公的発足から二五年後の一九〇〇年ごろに恒久的な政治構造になっていたのとは対照的に、第五共和制は内部の亀裂を示し始めたのである。社会経済的な危機は社会的な土台に亀裂を生じさせただけでなく、さらに共有された価値も強く浸食されていた。さまざまな形をとる熱狂が異なった形で権利の要求を活発化させた一方で、時代の空気によって育まれた幾つかのイデオロギーによって、すべての権威には害があり、すべての規則は抑圧的なものであると考えられるようになった。第三共和制の枠組みから導出されたフランス社会が、〔共和制という同じ世界観を共有するという意味で〕類似による同化願望のお陰でみずからの枠組みを保持していた以上、そのような〔共和主義の価値観が侵食され激しく攻撃されるようになるという〕漸進的変化は本当に死活的なものだった。

これらの価値は、社会自身が変化を迎える中で——ただし社会文化的な新しい均衡には当座のあいだは至らないと思われた——同様に根本的な変容が進行していたが、それは第五共和制の定着以降起こった唯一の構造的変化ではない。世代の交代も同様に起こったのである。第五共和制が発足して最初の四半世紀は、二つの層のフランス国民が投票行動によってこの時代を方向づけた時代だった。第一の層は第五共和制の最初の十年間、とくに一九五八年、一九六二年、一九六五年という決定的な段階において丁度投票権を獲得した人びとであり、もう一つの層は、一九六七年から七四年までのあいだに投票権を獲得した「ベビーブーマー」であった。第一の層は、左右の亀裂を超えて第五共和制に愛着を持っていた。というのも、第四共和制の不安定さに飽き飽きしていたからだった。第二の層が一九六八年に異議を唱えたとしても、その異議申し立ての対象になっていたのは、国家というよりもむしろ社会に対してだった。一九七四年の大統領選挙の投票率を六五年のそれと比較してみると、この第二の層が制度的なゲームに参加していることが明らかになった。実のところ、一九八〇年代になるまでの有権者は、第五共和制の設立期ないしは絶頂期を成人してから直接的に知っている世代の層だけで成り立っており、彼らは、第五共和制が安定と近代化をもたらしたとして、潜在的に魅了されていたのである。しかし一九八〇年代以降の第五共和制は、さまざまな危機、とりわけ政治的代表制の危機に直面し、新しい世代は、不安定化した生態系において、停滞という文脈の下で、有権者へと組み込まれ始めていくのである。

このような世代交代は、第五共和制が三〇年から四〇年経過した時に起こった。とはいえ、一七八九年〔フランス革命〕以降、このような世代交代の問題が提起され、四〇年以上の存続を経験した体制は、第三共和制しかなかった。第三共和制では、三番目の世代で打ち止めになり、体制のような混ぜ物〔ヴィシー政府〕が戦火の中で出現した。この世代は戦争で多くが亡くなったが、そのような犠牲を払いながら政治的な仕組みを確固なものとしたのである。それゆえ、共和制は一九三〇年代の危機によって弱体化したが、それでも共通の確固とした価値であり続け、一九四〇年の敗戦だけがそれを打ち壊してしまったのだ。

確かに、戦争へ参加しなければ、〔第三共和制の〕創設期には直接に変わっていない第三世代から第四世代への移行が可能になったと、ここで考えるべきではない。しかし第三共和制を別にすれば、このような同じ体制内での世代交代の経験は歴史的に例がないのである。危機によって壊れやすくなったフランスに、ついでに言えば栄光の三十年がついぞ光を当てることのなかった、報われない労苦を負担したあげくに見捨てられた人びとが再び徐々に姿を現わしていく中で、第五共和制は歴史的に比較対象となるものがない第二世代を作り出さなければならなかった。ここでの重要な問題は、次のようなものとなっていった。すなわち、イデオロギーを信奉している勢力の配置が組み替わっていき、経済的な不安定さが起こる中で、再配分や社会的移転、また寛容さといった考えをどのように考え直せばいいのだろうか。社会党が市場経済に賛同し、世界の説明要素としてのマルクス主義は腐食し、共産主義体制は爆縮し、経済的自由主義がどうやら勝利し、グローバリゼーションは進む。このような変化はどれも、先に挙げた問いへの回答を一層複雑にさせるのである。

第五共和制の最初の数十年間のあいだは静かだった広場《アゴラ》が、国内暴力の原因が再び作用している社会に取って代わられたことで、このような複雑さはより深まった。第五共和制は一九六〇年代という一つの時代に最盛期を迎えたが、それは数世紀にわたる長い「文明化の過程」〔ノルベルト・エリアス〕の到達点と思われ、社会道徳および自己と他者との関係の漸進的洗練によって特徴づけられるものだった。しかし、社会的分断と文化的細分化に襲われたナショナルな共同体においては、生態系の保護主であると同時にシンボルでもあった共和主義的秩序は、やがてミシミシと裂け始め、この「文明化の過程」の逸脱と対峙することとなるのである。

さらに、このような逆転傾向は、歴史的に見ても非常に濃密なもう一つの逆転プロセスが進むのと同時に起こった。多くの点でフランスにおけるナショナルな共同体の凝固剤となっている政治は、これまで見てきたように、デフレーションのようなものに見舞われていた。つまり、民主主義的な機能の土台である移譲された権力は、多くの選挙民から、自分自身の権力というよりも他の世界の所有物として次第に目に映るようになり、もはや持続的な同一化現象[1]として人びとは思わなくなったのである。このような外部化は規則を浸食し社会的同意を弱体化し、映像音声が生む熱狂や集団的感情によって、世論の移ろいやすさの要因となった。「世論的デモクラシー」もしくは「公共的デモクラシー」が発展し始めたのである。しかし、このような大衆文化の流通空間と政治的代表化の領域のあいだでの競合プロセスは、目標への目印が変化した社会の中で始まった。規則やコンセンサスを基礎づける地平線は、長いあいだ進歩に対する信仰だった。進歩は目標を描き出し、期待の地平[2]（さまざまな政治的文化間の議論に焦点を当てるもの）を提示し、その時の社会を固めるものの一つとなった。さて、この社会を襲ったさまざまな形の危機の下で、進歩は不安を惹起する要因となった。なぜなら、それは未来を確約するものというよりも不安定化を引き起こすものと見做されるようになったからだ。地平線を超えることは、集団的な問いかけへと変化し、市民的情熱のみならず国民的欲望を管理する役割を負っている政治体制は、その反響を受けざるを得ないのである。ある意味、映像音声（オーディオ・ヴィジュアル）の拡散こそがこの地平線に取って代わり、社会的ハーモニーの土台となったのである。社会の雰囲気といったものは社会を繋ぎ合わせる接着剤には決してならなかったこと、ならびに大衆文化はそれ自身が社会的な結び付きを作り出すことはなかったことは、これとは別の話である。社会政治的な生態系の問題において最終的に目を向けられたものとは、生態系の均衡が現在崩れていることであり、これはより有害になっていった。それは、「意見」も「公共」も現実的な構造化のために必要な他の要素を見出せないまま、政治の凝固作用は不安定化していき、また社会は分断化していったからである。

（1）民主主義は権利平等な人びとの中から選挙によって統治者を選出する政治体制なので、究極的には被統治者と統治者は入れ替わり可能であり、権利的に同じ存在である。それゆえ、政治のプロセスは、被統治者が統治者との一体性を確保しなければならない。ここでいう「同一化現象」とはこのような、民主主義のプロセスを正常に機能させるために必要な被統治者と統治者とが一致して等価される政治現象を意味している〔訳注〕。

（2）ドイツの文学研究者ハンス＝ロベルト・ヤウスの用語。文学理論における読者と作品の関係性に関する用語として提示された。読者はある作品を読解する際に、それまでに蓄積された慣習や伝統といったものを念頭に「この作品はこのように読解できよう」と考えながらその作品に接するが、このような作品の受容にあたって、読者の想定のその先に存在するものを、ヤウスは「期待の地平」と呼んだ。ハンス＝ロベルト・ヤウス『挑発としての文学史』岩波現代文庫、二〇〇一年〔訳注〕。

このような理由すべてによって、第五共和制の制度の改正が重要であり意義のあることなのだが、第五共和制は構造的な問題に直面しているのだ。つまり、構造的な問題を生みだした第五共和制は時間の経過に伴うどうしようもない劣化に悩まされるだけでなく、必要となる調整が制度的な再適合の問題を超えてしまっているくらいにフランスが変容してしまったことにより、その成り立ち自体に脆さを抱えているのである。フランスはこれまで例のないほどの変化を経験し、そのことで世界もまた変わってしまった。ナショナルな共同体がポスト産業社会に移行したことにより政治的・文化的な不均衡が生じただけでなく、グローバリゼーションの中に投げ込まれたことで、それまで第五共和制が続いてきた五十四年間の進路から逸脱してしまい、根本的に覆されてしまったのである。

関連年表（訳者作成）

第五共和制以前

一九四〇年六月十四日　パリ陥落
一九四四年八月二十五日　パリ解放
一九四六年　第四共和制発足
一九五四年十一月　アルジェリア戦争開始
一九五八年五月十三日　アルジェでの公安委員会設立
六月一日　ド・ゴール内閣の承認

第五共和制

①ド・ゴール期（一九五八年〜一九六九年）

一九五八年九月二十八日　第五共和制憲法、国民投票で承認——第五共和制の発足
十月　UNR設立——ド・ゴール派政党の結成
十一月　国民議会総選挙
十二月二十一日　ド・ゴール、大統領に選出（任期の開始は五九年一月八日）
一九六〇年一月　バリケードの一週間

一九六一年一月八日　アルジェリアの「自決」(＝アルジェリア独立)、国民投票により承認
一九六二年三月十九日　エヴィアン停戦協定成立、アルジェリア戦争の終結と独立が合意
　四月十四日　ドゥブレ首相を解任、後任にポンピドゥー
　七月一日　アルジェリア独立宣言
　八月二十二日　プチクラマール事件
　十月十五日　国民議会、ポンピドゥー内閣を不信任決議
　十月二十八日　国民投票の直接選挙による大統領選挙実施、ド・ゴール圧勝
　十一月　国民議会総選挙、第一回(十八日)、第二回(二十五日)――ド・ゴール派の勝利
一九六五年十二月十九日　大統領選挙――決選投票でミッテランを退けてのド・ゴールの再選
一九六七年　UDR設立――ド・ゴール派政党の刷新
一九六八年五月　五月革命
一九六九年四月二十八日　ド・ゴール辞任

②ポンピドゥー期(一九六九年～一九七四年)

一九六九年六月　大統領選挙、ポンピドゥーの当選
一九七一年六月　新生社会党の結成(エピネー大会)

一九七三年十月　第一次石油ショック
一九七四年四月二日　ポンピドゥー死去

③ジスカール期（一九七四年～一九八一年）
一九七四年五月　大統領選挙、ジスカールの当選、シラク内閣発足
一九七六年八月　シラクの更迭、後任にバールが首相に就任、緊縮財政実施
　　　　十二月　シラク、RPR設立
一九七八年二月　ジスカール、UDF結成
一九七九年三月　第二次石油ショック

④ミッテラン期（一九八一年～一九九五年）
一九八一年五月　大統領選挙――ミッテランの当選
一九八二年三月　地方分権化法の成立
一九八三年三月　国有化政策の放棄
一九八六年三月　総選挙で野党の右派が勝利（シラク内閣成立）――史上初めてのコアビタシオン成立
一九八八年五月　大統領選挙――ミッテランの再選

六月　総選挙で与党の社会党が勝利
一九八九年十一月　ベルリンの壁の崩壊
一九九〇年三月　ドイツ再統一
一九九二年二月　マーストリヒト条約（EU設立条約）の調印
三月　マーストリヒト条約への国民投票
一九九三年三月　総選挙で社会党大敗北。第二次コアビタシオン（バラデュール内閣）

⑤シラク期（一九九五年〜二〇〇七年）
一九九五年五月　大統領選挙——シラクの当選
十一月　ジュペ・プランに対するゼネスト——「反乱の冬」
一九九七年五月　下院解散後総選挙、左派の勝利（ジョスパン内閣成立）——第三次コアビタシオン
二〇〇〇年九月　大統領任期を七年から五年に短縮
二〇〇二年五月　大統領選、ルペンの決選投票への進出。シラクの再選
二〇〇五年七月　ヨーロッパ憲法条約、国民投票で否決

⑥サルコジ・オランド期（二〇〇七年〜）

二〇〇七年　大統領選、サルコジの当選
二〇一二年　大統領選、オランドの当選

訳者あとがき

本書は、Jean-François Sirinelli, *La Ve République* (Coll. « Que sais-je? », n°3821, 3e édition, P.U.F., Paris, 2013) の全訳である。本文一三七頁の訳注で触れたように、本書は二〇〇八年に第一版が、翌年すぐに第二版が出版された後、二〇一二年の大統領選挙の結果を待ってから第三版が二〇一三年に出版された。第一版は残念ながら入手できず、翻訳にあたっては、最新版の第三版を専ら参照した。著者のジャン＝フランソワ・シリネッリ氏の経歴については、手元に詳細で信頼に足る資料がないので、インターネット上に掲載されている情報を突き合わせると以下のとおりである。シリネッリ氏は、一九四九年パリに、古典ギリシア文学者のジャン・シリネッリの息子として生まれた。シリネッリ氏はパリ第十大学でフランス政治史研究の双璧を成すジャン＝ジャック・ベッケルとルネ・レモン両氏の薫陶を受け、一九八五年に『二〇年代における高等師範学校文科受験準備学級生徒とノルマリアン――知識人世代の政治史一九一九～一九四五年 (*Khagneux et normaliens des années vingt. Histoire politique d'une génération d'intellectuels (1919-1945)*)』で博士号を取得した。リール第三大学教授を経た後、一九九八年より恩師レモンが学長だったパリ政治学院 (シアンスポ) の歴史学部教授となり、二〇〇〇年より歴史学部の研究部門であるシアンスポ史学研究所の所長を務める。その他にも現在では、国際歴史学会フランス支部会長ならびにフランスにおける代表的な研究雑誌『史学雑誌 *Revue historique*』の編集責任者の地位にいる。このような経歴からも、シリネッリ氏がフランスの歴史研究において非常に大きな影響を与える立場にいることがうかがえよう。シリネッリ氏の研究対象は文化史や知識人史が主要な専門領域と言えるが、それ以外にも政治史研究や大衆文化史、また六〇年代を中心とするフランス現代史研究や広く二十世紀史研究を行なっている。業績は膨大な数にのぼり、単著だけで一〇冊を超え、論文は五〇本を優に上回っており、正確な本数は不明である。代表作として、（共著）『フランスの知識人たち――ドレフュス事件から現在まで』（*Les Intellectuels en France de l'affaire Dreyfus à nos jours*, 1986）、（編著）『フランス右翼史（全三巻）』（*Histoire des droites en France*, 1993）、『サルトルとアロン――二十世紀の二人の知識人』（*Sartre et Aron, deux intellectuels dans le siècle*, 1995）、（編纂）『二十世紀フランス政治活動歴史辞典』（*Dictionnaire historique de la vie politique française au XXe siècle*,1995）、（共編著）『文化史のために』（*Pour une histoire culturelle*, 1997）、『ベビーブーマーという世代（一九四五～一九六九年）』（*Les Baby-Boomers. Une génération (1945–1969)*, 2003）、『決定的な二十年――我々の将来の近い過去（一九六五～一九八五年）』（*Les Vingt Décisives. Le passé proche de notre avenir (1965-1985)*, 2007）、（編著）『第五共和制を理解する』（*Comprendre la Ve République*, 2010）、『歴史を開拓する――二十世紀フランスへの新たな視角』（*Désenclaver l'Histoire. Nouveaux regards sur XXe siècle français*, 2013）などがある（出版年はすべて初版）。ところで、シリネッリ氏の学問的出自や大学における所属は、ルネ・レモンらが確立した、日本ではあまり知られていないフランスにおける政治史研究の主流に位置していることに注意しなければならない。日本では、フランスにおける歴史学研究の手法といえばアナール派が有名だが、レモンらが確立した政治史研究の潮流は、アナール派のような全体史的な社会史研究に対してもまたマルクス主義史観とも対立する、政治と文化（理念）との接合に注意を払いながら進められてきた系譜がある。シリネッリ氏はこの（シアンスポの中で）制度化した潮流を率いており、シリネッリ氏によるこの小著は、フランスにおける政治史研究の姿をコンパクトに紹介するものにもなっていると言えるだろう。

一読していただければお分かりであろうが、本書は現在のフランス政治制度の解説でもなければ第五共和制の通史でもない。本書は、第五共和制の歴史と政治制度について一定程度の知識を備えた人に対して、その全体像の再解釈を提示するものである。率直に言って、本書のハードルは、そのままではとりわけ日本人読者には厳しいものであろう。そのため、訳出にあたっては、意識的にかなり多くの補足と訳注を付けた（そもそも原書には注はたった一つしかない）。人名に対する訳注は、政治家に限った。ただし、大統領経験者であるド・ゴール、ポンピドゥー、ジスカールデスタン、ミッテラン、シラク、サルコジ、オランドについては良く知られていると思われるので、煩雑さもあって訳注はつけなかった。サルコジと同時期に活躍したロワイヤルやバイルーも同様である。

本書を理解する上で、訳者として感じたキーワードはなんといっても「生態系 écosystème」である。本書の論旨とは、第五共和制はアルジェリア問題の解決と高度経済成長の結果四つのP（平和、繁栄、完全雇用、進歩）が揃うことで生態系が均衡状態となり、政治的安定を得る、というものである。安定をもたらす四つの要因のうち、最初の「平和」であるアルジェリア問題の解決をもたらしたのはド・ゴールの政治的手腕が大きいが、それ以外の三つの要因はド・ゴールの登場以前から存在した栄光の三十年によってもたらされた。そしてそれが終焉したとき、生態系としての第五共和制の均衡は崩れ不調をきたす。政治制度として、そのような不調は、政治的代表制の機能不全、社会の分断（社会的骨折）、そしてそもそも「政治によってどうにかなる範囲」（本書でいうところの「政治の魔術性」）の喪失として現われる。かくして、第五共和制下のフランス政治では安定さを欠き、社会的分断に苦しみ、しかし制度的な宿命である二項的な構造の中で対立的な政治を繰り広げる、というのである。シリネッリ氏は、フランスにおいてこのような変化が七〇年代を挟んで六五年から八五年にかけて起こり、そしてこの八五年の時点で登場した生態的の均衡が崩れた構造は、それ以降基本的に変化がないという時代認識を主張している。本書でいうところの「決定的な二十年」（八頁）とは、このような第五共和制が抱えている問題構造が析出した時代を意味している。本書が「第五共和制」と題しながら、九〇年代以降の政治的動向について、二〇〇二年のルペンの大統領決選投票への進出に関するもの以外はほんのわずかしか触れていないことは、そのためであろう。そして、出現した問題構造がずっと変わらないまま進む第五共和制は、生態系としての均衡を回復できる見込みを失い、シリネッリ氏はその総決算が必要だと示唆するのである。ただし、その「総決算」が具体的に何を意味するのかが不明であるのは残念だが。

本書において描かれる政治問題の構図は、基本的にマクロな要因によって説明される。ポピュリストの出現は政治的代表制機能の不全の結果であるし、政治に対する期待の低さは、政治的魔術性の喪失に由来する。本書の魅力は、このようなフランスの政治と社会が抱える問題構造のマクロな描き方にあり、それは、政治を単なる制度の中で広げられるゲームとしてのみ理解するのではなく、政治が相手をする人間社会とその人間が抱える価値観や経済生活といったさまざまな要素との有機的なつながりの中で認識すべきであるという「生態系」としての政治システムの主張によって支えられている。とはいえ、政治をホーリスティックに理解する様式自体は目新しいものではないし、また、この体制に安定をもたらした四つのPという考えも、ひどく当たり前のことを指摘しているだけに過ぎない。むしろ、経済が安定していれば（どのような）政治制度も安定する、というやや安易な経済還元的な分析に陥る危険性もある。

しかし、経済的不況下で進んだ政治不信や社会の変容といったこんにちの日本が抱える問題状況を念頭に置くと、シリネッリ氏の議論を出発点として、高度経済成長が進んだ社会が同様に抱える、歴史的な構造としての均衡を欠いた生態系という視角から、日欧の政治問題を認識することもできるのではないだろうか。そうでなくとも、日本が抱える問題状況とフランスが抱える問題状況の「相似性」とその構造的要因について、日本人はもっと意識してもよいのではないか。その意味で、本書が提示するフランス像と読者が獲得するだろうフランス理解は、実は日本理解と鏡のように対になっているのではないだろうか。私は訳出を進めながら、そのような感慨を抱かざるを得なかった。

最後に、本書を翻訳するに至った経緯について簡単に触れておきたい。訳者（川嶋）が本書を初めて知ったのは、ヨーロッパ政治の教科書である網谷他編『ヨーロッパのデモクラシー』（巻末の参考文献②参照）を執筆するために、専門外のフランス国内政治についての文献を探していた時であった。訳者は、外交史・国際関係史を専攻しており、本書で扱うような国内政治史ないしは政治文化史は狭義の意味での専門からは外れるのだが、訳あって国内政治をメインとしたこの教科書を執筆することとなり、フランスの現在の政治体制である第五共和制を大づかみに理解できる本を探していた時に見つけたのが本書だった（それゆえ『ヨーロッパのデモクラシー』の執筆に私をお誘いいただいた編者の先生方は本書の深層の生みの親であるので、この場を借りて密かにお礼を申し上げる）。他方で、日本においてフランス政治に関する書籍は数が少なく、日本でも継続的に翻訳出版されている文庫クセジュで本書を出版することは、日本におけるフランス政治理解に大きく貢献するものと思われた。このような翻訳は残念ながら体系的に行なわれているものではない。誰か別のプロの翻訳者が本書を訳していただければそれに越したことはなかったが、それは他力本願に他ならない。自分が翻訳すれば日本におけるフランス政治に関する文献が一つ増える。史料集の訳出という経験はあったが、本格的な翻訳などしたこともなく、語学は決して得意ではないので躊躇の方が大きかったが、それでも僅かであってもフランス理解と（その鏡としての）日本理解に資するのであれば、敢えて恥をかくのも仕事の一つと思い、二〇一三年夏に翻訳を決意した。訳者のフランス語能力は決して誇れるものではなく、また訳出にあたって問題となる各種専門用語について相談できる相手もいなかった。さらに、草稿を出版社に持ち込んだ後、出版スケジュールが予想外にタイトだったばかりか、入稿および校正時にかけて家族に思わぬ事態が起こりこの翻訳に取り組む時間が大幅に少なくなったことが、出版の危機を勃発させた。その他のほぼすべての仕事をストップしてこの翻訳に限られた時間とエネルギーを集中して可能な限りの力を尽くしたが、むろんすべては結果責任である。過ちがあれば平身低頭お詫びするしかない。読者への便宜と思ってつけた本文への訳注についても、その意味内容を調査・検討する時間は極めて限られており、逆に誤読にいざなうものとの誹りを受けても不思議ではない。翻訳の間、みずからのフランス語能力の低さと、人文社会科学諸領域における教養のなさを嘆かない日はなかった。実際本書を訳出する際多数の疑問が噴出し、どうしても理解不能だった箇所を著者のシリネッリ氏に電子メールで問い合わせ、シリネッリ氏からは丁寧なご返答をいただくことができた。それでも、フランス語の解釈や、専門用語の定義について訳者自身の思考や理解が至らず、シリネッリ氏が込めた意味を汲み取れ切れていない箇所があるかもしれない。翻訳に関わる責任はすべて訳者にあり、読者からのご批判はすべて受け止めたい。

以上、ややネガティブな自己弁護を重ねたが、翻訳上の誤りと不充分さによって本書の価値を損なっていないことを、今は祈るだけである。白水社の浦田滋子さんからの絶妙なアメとムチでなんとか当初のスケジュールに間に合ってほっとしている。さまざまな意味で気づかれた点を、読者の皆様からお寄せいただければ幸いである。最後に、本書に関する作業中は家族に迷惑をかけっぱなしだった。ありがとう。

二〇一四年九月

川嶋周一

参考文献①
（原書巻末）

【1】Cauchy Pascal, *La IVᵉ République*, Paris, Puf, coll. « Que sais-je ? », 2004.

概論

第五共和制以前

Berstein Serge et Rudelle Odile, *Le Modèle républicain*, Paris, Puf, 1992.

Morabito Marcel, *Histoire constitutionnelle de la France (1789-1958)*, Paris, Montchrestien, 10ᵉ éd., 2008.

二十世紀を通じて

Rémond René, *Notre siècle (1918-1991)*, réédité sous le titre *Le Siècle dernier (1918-2002)*, Paris, Fayard, 2003.

Sirinelli Jean-François (dir.), *Dictionnaire historique de la vie politique française au XXᵉ siècle*, Paris, Puf, 1995, rééd., Paris, Puf, coll. « Quadrige », 2003.

Sirinelli Jean-François (dir.), en collaboration avec Robert Vandenbussche et Jean Vavasseur-Desperriers, *La France de 1914 à nos jours*, Paris, Puf, 1993, nouv. éd., 2004.

第五共和制を対象としたもの

Garrigues Jean (dir.), *La France de la Vᵉ République*, Paris, Armand Colin, 2008.

Garrigues Jean, Guillaume Sylvie et Sirinelli Jean-François, *Comprendre la Vᵉ République*, Paris, Puf, 2010.

Bernard Mathias, *La France de mai 1958 à mai 1981*, Paris, Le Livre de Poche, 2003.

Bernard Mathias, *La France de 1981 à 2002*, Paris, Le Livre de Poche, 2005.

Sirinelli Jean-François, *Les vingt Décisives. Le passé proche de notre avenir, 1965-1985*, Paris, Fayard, 2007, rééd. coll. « Pluriel », 2012.（本書で提示した仮説や分析をこの本でさらに発展させて論じた）.

個別的なテーマに関する研究

Becker Jean-Jacques et Cabdar Gilles (dir.), *Histoire des gauches en France*, t. II, Paris, La Découverte, 2004.

Bergounioux Alain et Grunberg Gérard, *L'Ambition et le remords. Les socialistes français et le pouvoir, 1905-2005*, Paris, Fayard, 2005.

Berstein Serge, Milza Pierre et Sirinelli Jean-François (dir.), *Michel Debré,*

Premier ministre, Paris, Puf, 2005.

Berstein Serge et Sirinelli Jean-François (dir.), *Les Années Giscard. Les réformes de la société, 1974-1981*, Paris, Armand Colin, 2007.

Berstein Serge et Sirinelli Jean-François (dir.), *Les Années Giscard. 1978-1981 : les institutions à l'épreuve*, Paris, Armand Colin, 2010.

Capdevila Elisa et Sirinelli Jean-François, *Georges Pompidou et la culture, Archives*, Bruxelles, Peter Lang, 2011.

Chauvel Louis, *Le Destin des générations*, Paris, Puf, 1998, 2e éd., 2002.

Courtois Stéphane et Lazar Marc, *Histoire du Parti communiste français*, Paris, Puf, 1995, 2e éd., 2000.

Fourastié Jean, *Les Trente Glorieuses*, Paris, Fayard, 1979, rééd., Hachette Littérature, coll. « Pluriel », 1980.

Habert Philippe, Perrineau Pascal et Ysmal Colette, *Le Vote éclaté. Les élections régionales et cantonales des 22 et 29 mars 1992*, Paris, Presses de la Fondation nationale des sciences politiques, 1992.

Institut Charles-de-Gaulle, *De Gaulle en son siècle*, 6 vol., Paris, La Documentation française, 1990-1992.

Lachaise Bernard, Le Béguec Gilles et Sirinelli Jean-François (dir.), *Jacques Chaban-Delmas en politique*, Paris, Puf, 2007.

Manin Bernard, *Principes du gouvernement représentatif*, 1re éd., Paris, Flammarion, 1996, coll. « Champs », 2000.

Mendras Henri (dir.), *La Sagesse et le désordre. France 1980*, Paris, Gallimard, 1980.

Mendras Henri, *La Seconde Révolution française. 1965-1984*, Paris, Gallimard, 1988.

Rieffel Rémy, *Que sont les médias?*, Paris, Gallimard, coll. « Folio Actuel », 2005.

Rioux Jean-Pierre et Sirinelli Jean-François (dir.), *La France d'un siècle à l'autre*, Paris, Hachette Littératures, 1999, rééd., coll. « Pluriel », 2002.

Sirinelli Jean-François (dir.), *Histoire des droites en France*, 3 vol., Paris, Gallimard, 1992, rééd., coll. « Tel », 2006.

参考文献②
（訳者による補足——本書の内容に関連する邦語文献）

網谷龍介／伊藤武／成廣孝編『ヨーロッパのデモクラシー　増補版』，ナカニシヤ出版，2013年．

奥島孝康／中村紘一編『フランスの政治』，早稲田大学出版部，1993年．

大山礼子『フランスの政治制度　改訂版』，東信堂，2013年．

長部重康『現代フランスの病理解剖』，山川出版社，2006年．

国末憲人『ポピュリズムに蝕まれるフランス』，草思社，2005年．

櫻井陽二『フランス政治体制論——政治文化とゴーリズム』，芦書房，1987年．

佐藤彰一／中野隆生編『フランス史研究入門』，山川出版社，2011年．

柴田三千雄『フランス史10講』，岩波新書，2006年．

谷川稔／渡辺和行編『近代フランスの歴史——国民国家形成の彼方に』，ミネルヴァ書房，2006年．

土倉莞爾『現代フランス選挙政治』，ナカニシヤ出版，2000年．

土倉莞爾『拒絶の投票——21世紀フランス選挙政治の光景』，関西大学出版会，2011年．

モーリス・デュヴェルジェ『フランス憲法史』（時本義昭訳），みすず書房，1995年．

中山洋平『戦後フランス政治の実験——第四共和制と「組織政党」1944－1952年』，東京大学出版会，2002年．

畑山敏夫『フランス極右の新展開——ナショナル・ポピュリズムと新右翼』，国際書院，1997年．

畑山敏夫『現代フランスの新しい右翼——ルペンの見果てぬ夢』，法律文化社，2007年．

畑山敏夫『フランス緑の党とニュー・ポリティクス——近代社会を超えて緑の社会へ』，吉田書店，2012年．

樋口陽一『「共和国」フランスと私——日仏の戦後デモクラシーをふり返る』，拓植書房新社，2007年．

ピエール・ビルンボーム『現代フランスの国家と政治——西欧デモクラシーのパラドックス』（田口富久治／国広敏文訳），有斐閣，1987年．

福井憲彦編『フランス史　（新版世界各国史）』，山川出版社，2001年．

ロジャー・ブライス『フランスの歴史』（河野肇訳），創土社，2008年．

アントワーヌ・プロスト『20世紀のフランス——歴史と社会』（村上眞弓訳），昭和堂，1994年．

レイモンド・F・ベッツ『フランスと脱植民地化』（今林直樹／加茂省三訳），晃洋書房，2004年．

スタンレー・ホフマン『フランス現代史』三巻（天野恒雄訳），白水社，1977年．

増田正『現代フランスの政治と選挙』，芦書房，2001年．

宮島喬『移民国家フランスの危機』，岩波書店，2007 年．

ピーター・モリス『現代のフランス政治』（土倉莞爾／増島建／今林直樹訳），晃洋書房，1998 年．

山元一『現代フランス憲法理論』，信山社，2014 年．

吉田徹『ミッテラン社会党の展開――社会主義から欧州統合へ』，法政大学出版会，2008 年．

吉田徹編『ヨーロッパ統合とフランス――偉大さを求めた一世紀』，法律文化社，2012 年．

モーリス・ラーキン『フランス現代史――人民戦線期以後の政府と民衆 1936-1996 年』（向井喜典／岩村等／太田潔訳），大阪経済法科大学出版部，2004 年．

エリック・ルーセル『ド・ゴール』（山口俊章／山口俊洋訳），祥伝社，2010 年．

渡辺和行／南充彦／森本哲郎『現代フランス政治史』，ナカニシヤ出版，1997 年．

渡辺和行『ド・ゴール――偉大さへの意志』，山川出版社，2013 年．

渡邊啓貴『フランス現代史――英雄の時代から保革共存へ』，中公新書，1998 年．

渡邊啓貴『シャルル・ドゴール――民主主義の中のリーダーシップへの苦闘』，慶應義塾大学出版会，2013 年．

ミシェル・ヴィノック『フランスの肖像――歴史・政治・思想』（大嶋厚訳），吉田書店，2014 年．

訳者略歴
川嶋周一（かわしま・しゅういち）
一九七二年生まれ
北海道大学法学研究科博士課程単位取得退学
パリ第Ⅳ大学にて近現代史講座ＤＥＡ取得
現在、明治大学政治経済学部准教授
専門は国際関係史（ヨーロッパ統合史、フランス政治外交史・国際政治史）
主要共著書
『独仏関係と戦後ヨーロッパ国際秩序』（創文社）
『原典　ヨーロッパ統合史』（名古屋大学出版会）
『ヨーロッパ統合とフランス』（法律文化社）

第五共和制

二〇一四年一〇月二〇日　印刷
二〇一四年一一月一〇日　発行
訳　者　© 川　嶋　周　一
発行者　及　川　直　志
印刷所　株式会社　平河工業社
発行所　株式会社　白　水　社
東京都千代田区神田小川町三の二四
電話　営業部〇三（三二九一）七八一一
　　　編集部〇三（三二九一）七八二一
振替　〇〇一九〇―五―三三二二八
郵便番号一〇一―〇〇五二
http://www.hakusuisha.co.jp
乱丁・落丁本は、送料小社負担にてお取り替えいたします。
製本：平河工業社
ISBN978-4-560-50995-1
Printed in Japan

文庫クセジュ

歴史・地理・民族（俗）学

文庫クセジュ

865 ヴァイマル共和国
870 ビザンツ帝国史
871 ナポレオンの生涯
872 アウグストゥスの世紀
876 悪魔の文化史
877 中欧論
879 ジョージ王朝時代のイギリス
882 聖王ルイの世紀
883 皇帝ユスティニアヌス
885 古代ローマの日常生活
889 バビロン
890 チェチェン
896 カタルーニャの歴史と文化
897 お風呂の歴史
898 フランス領ポリネシア
902 ローマの起源
903 石油の歴史
904 カザフスタン
906 フランスの温泉リゾート
911 現代中央アジア
913 フランス中世史年表
915 クレオパトラ
918 ジプシー
922 朝鮮史
925 フランス・レジスタンス史
928 ヘレニズム文明
932 エトルリア人
935 カルタゴの歴史
937 ビザンツ文明
938 チベット
939 メロヴィング朝
942 アクシオン・フランセーズ
943 大聖堂
945 ハドリアヌス帝
948 ディオクレティアヌスと四帝統治
951 ナポレオン三世
959 ガリレオ
962 100の地点でわかる地政学
964 100語でわかる中国
966 アルジェリア戦争
967 コンスタンティヌス
974 ローマ帝国
979 イタリアの統一
981 古代末期
982 ショアーの歴史
985 シチリアの歴史
986 ローマ共和政
988 100語でわかる西欧中世
993 ペリクレスの世紀

文庫クセジュ

哲学・心理学・宗教

13 実存主義
114 プロテスタントの歴史
193 哲学入門
199 秘密結社
228 言語と思考
252 神秘主義
326 プラトン
342 ギリシアの神託
355 インドの哲学
362 ヨーロッパ中世の哲学
368 原始キリスト教
374 現象学
400 ユダヤ思想
417 デカルトと合理主義
444 旧約聖書
459 現代フランスの哲学
461 新しい児童心理学
468 構造主義
474 無神論
487 ソクラテス以前の哲学
499 カント哲学
500 マルクス以後のマルクス主義
510 ギリシアの政治思想
519 発生的認識論
525 錬金術
535 占星術
542 ヘーゲル哲学
546 異端審問
558 伝説の国
576 キリスト教思想
592 秘儀伝授
594 ヨーガ
607 東方正教会
625 異端カタリ派
680 ドイツ哲学史
704 トマス哲学入門
708 死海写本
722 薔薇十字団
733 死後の世界
738 医の倫理
739 心霊主義
751 ことばの心理学
754 パスカルの哲学
763 エゾテリスム思想
764 認知神経心理学
768 ニーチェ
773 エピステモロジー
778 フリーメーソン
780 超心理学
789 ロシア・ソヴィエト哲学史
793 フランス宗教史
802 ミシェル・フーコー
807 ドイツ古典哲学
835 セネカ
848 マニ教
851 芸術哲学入門
854 子どもの絵の心理学入門
862 ソフィスト列伝
866 透視術

文庫クセジュ

874 コミュニケーションの美学
880 芸術療法入門
891 科学哲学
892 新約聖書入門
900 サルトル
905 キリスト教シンボル事典
909 カトリシスムとは何か
910 宗教社会学入門
914 子どものコミュニケーション障害
931 フェティシズム
941 コーラン
944 哲学
954 性倒錯
956 西洋哲学史
958 笑い
960 カンギレム
961 喪の悲しみ
968 プラトンの哲学
973 100の神話で身につく一般教養
977 100語でわかるセクシュアリティ
978 ラカン
983 児童精神医学
987 ケアの倫理
989 十九世紀フランス哲学
990 レヴィ=ストロース
992 ポール・リクール

文庫クセジュ

語学・文学

266 音声学
489 フランス詩法
514 記号学
526 言語学
579 ラテンアメリカ文学史
598 英語の語彙
618 英語の語源
646 ラブレーとルネサンス
690 文字とコミュニケーション
706 フランス・ロマン主義
711 中世フランス文学
714 十六世紀フランス文学
716 フランス革命の文学
721 ロマン・ノワール
729 モンテーニュとエセー
753 文体の科学
774 インドの文学
776 超民族語
777 文学史再考
784 イディッシュ語
788 語源学
817 ゾラと自然主義
822 英語語源学
829 言語政策とは何か
832 クレオール語
833 レトリック
838 ホメロス
840 語の選択
843 ラテン語の歴史
846 社会言語学
855 フランス文学の歴史
868 ギリシア文法
873 物語論
901 サンスクリット
924 二十世紀フランス小説
930 翻訳
934 比較文学入門
949 十七世紀フランス文学入門
955 ＳＦ文学
965 ミステリ文学
971 100語でわかるロマン主義
976 意味論
980 フランス自然主義文学